תולדות toldot

Essays zur jüdischen Geschichte und Kultur

Herausgegeben von Yfaat Weiss

Band 13

Christoph Schmidt

Israel und die Geister von ’68

Eine Phänomenologie

Vandenhoeck & Ruprecht

STAATSMINISTERIUM
FÜR WISSENSCHAFT
UND KUNST

Freistaat
SACHSEN

Die Maßnahme wird mitfinanziert durch Steuermittel auf der Grundlage des von den Abgeordneten des Sächsischen Landtages beschlossenen Haushaltes.

Bibliografische Information der Deutschen Nationalbibliothek:
Die Deutsche Nationalbibliothek verzeichnet diese Publikation in der Deutschen Nationalbibliografie; detaillierte bibliografische Daten sind im Internet über http://dnb.de abrufbar.

Lektorat: Bruno Schoch, Frankfurt am Main

Satz: Daniel Winkler, Zittau
Druck und Bindung: ⊕ Hubert & Co BuchPartner, Göttingen
Printed in the EU

Vandenhoeck & Ruprecht Verlage | www.vandenhoeck-ruprecht-verlage.com

ISSN 2198-7327
ISBN 978-3-525-35119-2

Inhalt

Vorwort

Das mit der Zahlenikone ’68 chiffrierte Ereignis einer weltweiten, zumindest im damaligen politischen Westen ubiquitären Jugendrevolte ist auch nach einem halben Jahrhundert ein kulturpolitisches Enigma, dessen Entschlüsselung andauert. Sieht man von den Selbstdeutungen der Protagonisten jener Bewegung ab, lassen sich zwei Erscheinungen differenzieren: einerseits das universelle Phänomen eines durch den Kalten Krieg in seiner Entfaltung blockierten ungestümen Lebensgefühls, eine Art Zeitkäfig, dessen Sprengung anstand; andererseits national spezifische Ausformungen der Revolte, die offenbar auf unerlöste, von den Protagonisten generationell nicht – jedenfalls nicht bewusst – erfahrene Vergangenheiten zurückwiesen. Dass in Deutschland die nationalsozialistische Vergangenheit mit den Nachgeborenen ihr ebenso verdecktes wie verstecktes Spiel trieb und so zu kontraphobischen Reaktionen Anlass gab, ist keine neue Erkenntnis.

Neu dürfte dagegen Christoph Schmidts Zugang sein, der sich dem Phänomen der Achtundsechziger mittels einer politisch-theologischen Tiefenansicht nähert. Dies gilt vor allem für jene Bereiche von Identifikation und Gegenidentifikation, von denen sich die Protagonisten in hohe psychische Erregungsstufen versetzt fühlten – jedenfalls reichten sie über das hinaus, was dem Gegenstand hätte angemessen sein können. Dass dazu die Haltung zum Staat Israel gehörte, war schon damals Gegenstand existenziell anmutender Kontroversen. Heute, aus einem

Abstand von fünfzig Jahren und in nachgeborener Generationenfolge, dürfte jene theologisch-politische Ansicht einem Aspekt gerecht werden, der zuvor wohl als bloß polemisch zurückgewiesen worden wäre. Dass damit in erster Linie die christliche Dichotomie zwischen Altem und Neuem Bund evoziert wird und theologisierende Tiefenschichten kulturell aufgerufen werden, wenn die Bezeichnung »Israel« zum Klingen gebracht wird, liegt nahe. Dass Protagonisten des deutschen '68 in ganz besonderer Weise religiös motiviert waren und sich auf einer recht breiten Schwelle zwischen theologischen und materialistischen Weltdeutungen bewegten, war schon den Zeitgenossen aufgefallen. Zumindest bedurfte es keiner besonderen Skandalisierung, um diesen Zusammenhang herzustellen.

Allein der Umstand, dass es sich dabei um mehr handeln könnte als um ein religiös motiviertes, menschenfreundliches politisches Handeln, macht das Besondere aus. Dies wäre sicherlich dann der Fall, wenn sich zeigte, dass mit der Haltung zu Israel eine theologisch aufgeladene Feindschaft den Juden gegenüber zur Geltung kommt – eine Haltung, die sich auf den ersten Blick wohl guter Argumente zu bedienen vermag, jedoch bei genauerer Sicht wieder Altes offenbart. Eine solche Offenbarung könnte in der Tat zur Erkenntnis über Vergangenes beitragen – und vielleicht auch zum Verständnis von Gegenwart.

Dan Diner Frühjahr 2018

Träume eines Geistersehers – unhistorische Überlegungen

Selbst wenn man sie dereinst zu Grabe trägt, müssten die 68er noch für alle Fehlentwicklungen der deutschen Politik herhalten, spottete Joschka Fischer vor einem guten Jahrzehnt in einem Interview mit dem *Tagesspiegel.* Er illustrierte das mit einem skurrilen Bild: »Dann wird es heißen: Was sterben die nun auf eine bürgerliche Art und Weise dahin? Und niemand wird die Gräber besetzen!« Nach der Flut von Erinnerungsliteratur fünfzig Jahre nach 1968 steht also mehr als dessen Grabtragung an. Fischer erinnert mit seiner sarkastischen Bemerkung daran, dass der lange verpönten Heimkehr der Revolutionäre zur parlamentarischen Demokratie eine dramatische Abkehr von ihren Utopien, Pathologien und Gewaltexzessen vorangegangen war. Ihre Rückkehr in die reale Politik war zugleich ein Rückzugsgefecht gegen die Geister der aktionistischen Revolution, die in Fischers Vision noch beim Staatsbegräbnis der inzwischen renommierten Garde der Alt-68er – »Grabplatz und Beerdigung (sind) ordentlich bezahlt worden« – Krawall machen und eine Grabbesetzung inszenieren könnten.

Ein skurril-morbider Schock, denn anders als bei der Besetzung leer stehender Häuser ginge es hier nicht um leere Gräber – vorher müssten die alten Toten aus ihnen vertrieben werden. Fischer stellte dieses schwarzromantische Grusel-Nocturno noch dazu unter einen sehr deutschen Baum: »Wie etabliert! Und am Ende rauscht da noch eine 300-jährige Eiche! Das wird der letzte Vorwurf sein.«

Die Nachtvision nimmt sich aus wie eine sarkastische Reminiszenz an eine andere Szene, die sich tatsächlich ereignet und den jungen Revolutionär und Straßenkämpfer seinerzeit bis ins Mark erschüttert hatte. Bei der Flugzeugentführung von Entebbe durch palästinensische und deutsche Terroristen hatten sich, wie Fischer sich später erinnert, »zwei Deutsche, Genossen aus der Frankfurter Scene […] dazu [hingegeben], die Passagiere mit vorgehaltener Waffe in Juden und Nichtjuden zu selektieren!« Solcher Wahnsinn hatte, folgt man berufenen Historikern, freilich Methode. Er beruhte auf einem argumentativen Salto mortale, der den Nationalsozialismus mit dem kapitalistischen System identifizierte, das im amerikanischen Imperialismus und im Vietnamkrieg kulminierte – womit sich Auschwitz und Vietnam ein und demselben Faschismus zurechnen ließen, gegen den in der damals so bezeichneten Dritten Welt der Vietcong und die palästinensische Befreiungsbewegung ihren Guerillakrieg führten. Mit dem Kriegsschauplatz Palästina gerieten Israel und Zionismus zu Metonymien des imperialistischen Feindes. Dieses diskursive Kartenspiel brachte das Zauberstück zustande, dass die Juden, deren Ermordung in Auschwitz zuvor doch das kritische Gewissen aufgerüttelt hatte, unversehens als die wahren Feinde der deutschen Revolution dastanden.

Fischers Schock bewirkte damals ein Erwachen aus dem Albtraum der radikalen Aktionisten. Es verlieh dem für eine ganze Generation repräsentativen »Marsch durch die Illusionen« den entscheidenden Impuls; nun begann eine selbstkritische Auseinandersetzung mit den Geistern der Rebellion, die in den Köpfen der Revolutionäre phantasmagorisch gehaust hatten. Eine Geschichtsschreibung, die nüchtern und objektiv die Chronologie der ideologischen Radikalisierung nachzeichnet, läuft

Gefahr, diese Geistergeschichte, die sich der Regie über die Ereignisse hinter den Kulissen bemächtigt hat, auszublenden oder literarischer Fantasie zu überlassen. Dass die Wissenschaft nicht mehr an Gespenster glaubt, heißt nicht, dass der Spuk nicht doch die Szene beherrscht hat.

Nach dem Schock von Entebbe hatte Fischer den Zusammenhang nicht nur zwischen Utopismus und Gewalt, sondern auch zwischen dem Trauma Auschwitz und der obsessiven Beschäftigung der Radikalen mit allem Jüdischen erkannt. Er hatte geahnt, dass die deutschen Revolutionäre mit ihren »fieberhaften Tagträumen und gewaltsamen Ausbrüchen« von Hausbesetzungen zu einer verhohlenen »Identitätsbesetzung« übergegangen waren: Angetreten als Anwälte der in Auschwitz ermordeten Juden, waren sie unbewusst in die Rolle der früheren jüdischen revolutionären Intellektuellen geschlüpft. Sie meinten, den politischen Sinn von Auschwitz durchschaut zu haben. Gegenüber den Überlebenden, die diesen ihrer Meinung nach nicht begriffen hatten und mit dem amerikanischen und bundesrepublikanischen Faschismus »kollaborierten«, machten sie einen Alleinvertretungsanspruch geltend – sie sahen sich selber als die wahren Juden. Mit dieser Identitätsanmaßung ging eine unheimliche Morphologie und Phänomenologie der Geister einher, die möglicherweise über die historischen Ereignisse besser belehrt als alle Manifeste, Hausbesetzungen, Straßenkämpfe und Terrorakte. Wo der Historiker versagt, sind die Geisterseher berufen, Auskunft zu geben. Das ist das Leitmotiv des vorliegenden Essays, der Spekulation nicht scheut.

Schon für Theodor W. Adorno stand fest, dass die Erneuerung des Projekts der Aufklärung nach ihrem Scheitern ohne die von dieser einst verabschiedeten Kunst des Geistersehens kaum auskommen konnte. Eine erste Bekanntschaft mit den Geistern hatte er nach seiner Rückkehr aus dem amerikanischen Exil gemacht. Seinem Freund Leo Löwenthal berichtete er, es sei, »wie wenn die Geister der ermordeten jüdischen Intellektuellen in die deutschen Studenten gefahren wären.« Nach der Ermordung von Benno Ohnesorg ließ Adorno dieser Vision trotz des Konflikts zwischen ihm und den antiautoritären Studenten eine Neuauflage folgen, die ihr eine verhängnisvolle Aktualität verlieh. Er kritisierte die öffentliche Hetze gegen die Protestierenden und erklärte, »die deutschen Studenten spielten die Rolle, die die Juden in den 20er Jahren übernommen hätten.«

Der Aufklärer hat nach dem Scheitern der Aufklärung die toten Seelen von Auschwitz wahrgenommen und hinter der neuen Fassade demokratischer Normalität den Geist der Vergangenheit dingfest gemacht. So monströs sei der Nationalsozialismus gewesen, dass er seinen eigenen Tod zu überleben vermochte. Der Theoretiker der *Dialektik der Aufklärung,* der den »Ausgang aus der selbstverschuldeten Unmündigkeit« nach dem Zivilisationsbruch auch als Auseinandersetzung mit der Schuld der Deutschen verstand, mochte sein Leben gelegentlich nur noch als düstere Geistervision verstehen:

»Nicht falsch aber ist die minder kulturelle Frage, ob nach Auschwitz noch sich leben lasse, ob vollends es dürfe, wer zufällig entrann und rechtens hätte umgebracht werden müssen. Sein Weiterleben bedarf schon der Kälte, des Grundprinzips der bürgerlichen Subjektivität, ohne das Auschwitz nicht möglich gewesen wäre: drastische Schuld des Verschonten. Zur Vergeltung suchen ihn Träume heim wie der, daß er gar nicht mehr lebte, sondern 1944 vergast worden wäre, und seine ganze Existenz danach lediglich in der Einbildung führte, Emanation des irren Wunsches eines vor zwanzig Jahren Umgebrachten.«

Fischers Vision von der nächtlichen Grabbesetzung lässt sich als ein Echo solcher Geistesvisionen verstehen. Wahnvorstellungen gehörten ebenso zu den 68ern wie deren Affinität zur Gewalt. Solche Pathologien lassen sich mithilfe der für Vater-Sohn-Konflikte zuständigen Psychoanalyse aufklären und behandeln. Der ödipale Aspekt der 68er-Revolte ist kaum zu übersehen: Die deutschen Söhne wollten ihre Väter, die sie für Auschwitz verantwortlich machten, symbolisch beseitigen. Nun entbehrt indes auch die Inthronisierung eines idealen jüdischen Gegenvaters anstelle des monströsen oder banal bösen Vaters nicht jener erweiterten ödipalen Logik, die Sigmund Freud an Romanfantasien von besseren und vornehmeren Eltern illustriert hat:

»[W]enn man die häufigste dieser Romanphantasien, den Ersatz beider Eltern oder nur des Vaters durch großartigere Personen, im Detail durchgeht, so macht man die Entdeckung, daß diese neuen und vornehmen Eltern durchwegs mit Zügen ausgestattet sind, die von realen Erinnerungen an die wirklichen niederen Eltern herrühren, so daß das Kind den Vater eigentlich nicht beseitigt, sondern erhöht.«

Diese erweiterte ödipale Konstellation vermag den Fall der deutschen Söhne allerdings nur teilweise aufzuklären, ganz abgesehen davon, dass Freud die Adoption einer jüdischen Zugehörigkeit durch Nichtjuden vermutlich für noch fantastischer gehalten hätte als die Trinitätslehre, die den ödipalen Konflikt in ein idyllisches Einverständnis von Vater und Sohn in der Gottheit projiziert. Freuds Psychoanalyse kann die Übertragung vom realen auf ein ideales Vaterbild erhellen; der politisch-religiöse Kontext dieses »Familienromans« und die daraus folgende Geschichte der Geister jedoch liegen jenseits dieser Rekonstruktion der »Sehnsucht nach dem Vater«. Und doch korrespondiert diese möglicherweise schon im Kern mit den messianischen Projektionen der rebellischen Söhne, die sich vom Vatermord eine Befreiung von der Geschichte dieser Väter und ihrer Schuld versprachen. Die politisch-religiöse Sehnsucht nach einem neuen Menschen und einer ganz neuen Welt nahm die Gestalt einer alternativen, harmonischen Beziehung zwischen dem deutschen Sohn und dem aus dem Exil zurückgekehrten jüdischen Vater an. Der ödipal motivierte Konflikt mit den mörderischen deutschen Vätern fand mithin ein messianisches Gegenbild in einer Idylle von Vater und Sohn, die der »Geist der Utopie« vereinen sollte. Dieses utopische Gegenbild war eine denkwürdige Konfiguration. Gleichsam als ein revolutionäres Echo der theologischen Trinität spiegelte sie wie eine Fata Morgana dem Marsch durch die Wüste der Illusionen eine Richtung vor. Ernst Blochs utopisches Philosophieren hat vielleicht das Geheimnis der Geister am ehesten berührt und genährt, als er Freuds (der Vergangenheit zugewandte) Psychoanalyse verwarf und ihr eine utopische Theologie der Trinität entgegensetzte, die alle messianischen Traditionen aus Judentum, Christentum und Revolution zusammenführen sollte. Die aus der anthropologischen Versöhnung von Vater und Sohn hervorgegangene Figur des heiligen Geistes der Revolution sollte die Trinität utopisch verwirklichen. Der Auszug aus dem von Herrschaft und Schuld gezeichneten Reich der Väter glich so für die 68er dem Versuch, die reale Geschichte – und die Bedingungen, die Auschwitz möglich gemacht haben – verblassen zu lassen.

Mit dieser Anstrengung, die Vergangenheit zu tilgen, hängt zusammen, dass die Geschichte von ’68 von Anfang an von messianischen Geistern und Dämonen beherrscht war. Ihre fantastische Seite zu beleuchten verspricht mehr Einsicht als das permanente Nacherzählen ihrer realen Vorkommnisse. Nachdem das reale Selbst des Sohnes den Schritt in die messianische Imagination gemacht und sich eine jüdische Zugehörigkeit zugelegt hatte, war es nur noch ein kleiner Schritt bis zur Gewalt gegen die wenigen der Massenvernichtung entronnenen Juden, die ihr Leben wieder aufzunehmen versuchten. Erst der politische Messianismus, überzeugt davon, die richtigen, nämlich revolutionären Konsequenzen aus Auschwitz gezogen zu haben, konnte die Überlebenden, die sich seinem revolutionären Messias verschlossen, zum eigentlichen Feind erklären. Der freudsche »Familienroman« musste unter diesen Bedingungen potenziell zu einem zweiten blutigen Drama werden, in dem sich kein Vatermord wiederholte, sondern ein brutaler »Brudermord« stattfand. Auf dieses Geisterspektakel, das seine ersten Blutspuren 1969 in dem misslungenen Anschlag der Kommune 1 auf das jüdische Gemeindehaus in Berlin zum Gedächtnis an die »Kristallnacht« hinterließ und in Entebbe 1977 gipfeln sollte, folgte ein abstruser Reigen der Geister und Dämonen. Er führte mit dem Scheitern des Auszugs aus der Geschichte zu einer zweiten phantasmagorischen Identifizierung, nämlich mit den in Auschwitz ermordeten Opfern. Die in Stammheim inhaftierten Terroristen verglichen ihre Haft mit Auschwitz und stilisierten sich so zu Opfern des fortwährenden deutschen Faschismus.

Diese Transformation vom messianischen Partisanen, der sich anschickt, die Geschichte abzuschaffen, zum KZ-Opfer, das nunmehr im Kerker der deutschen Geschichte sein Dasein fristen sollte, war die letzte Station in einer postrevolutionären Galerie der Geister, die hinter der offiziellen Bewusstseinskulisse weiter wirkte und die ohne die spezifische »Substitutionstheologie« der ehemaligen Revolutionäre kaum zu begreifen ist. Nach ihrem Scheitern haben manche Rebellen ihr Selbstverständnis als das *Verus Israel*, das Israel im Geist, das an die Stelle des falschen getreten ist, noch bei ihrer melancholischen Rückkehr in die wirkliche Geschichte herübergerettet. Als sie sich mit ihrer unentrinnbaren deutschen Identität abzufinden begannen, stilisierten sie sich gerne zu Opfern ihrer nationalsozialistischen Väter, die moralisch-»geistig« besiegt worden waren. Als alleingelassene »Findlinge« (Peter Sloterdijk) der Geschichte wollten sie jetzt im souveränen Alleingang mit den Bedingungen der Geschichte ihrer Generation aufräumen oder gar einen tragischen »Bocksgesang« (Botho Strauß) anstimmen. Dabei fanden sich bald auch recht zivilisierte Geister, die einen ultimativen Anspruch auf moralische Superiorität und Immunität kultivierten. Mit dieser Prätention machte sich, überspitzt formuliert, ein neuer Übermensch auf den Weg, dessen Macht diesmal allein in seiner unfehlbaren Moral gründete. Er bewegte sich wie sein Vorgänger jenseits von Herrschaft und Schuld und er durfte auch bald wieder dem »alt-neuen« Feind seine moralische Überlegenheit demonstrieren. Israel hatte sich mit der 1967 erfolgten Okkupation der palästinensischen Westbank moralisch disqualifiziert – ein willkommenes Objekt für linksmoralische Exerzitien.

Der vorliegende, aus drei Teilen bestehende, Essay will – höchst unhistorisch – eine kleine Phänomenologie der Geister von ’68 skizzieren. Die Rekonstruktion ihrer Transformationen soll Licht auf die Metamorphosen ihres politischen Messianismus werfen, der mittlerweile das Konzentrationslager für das Paradigma der Moderne überhaupt hält und die Metaphysik von Stammheim auch philosophisch salonfähig machen will. Solche symptomatisch verqueren Selbstdeutungen haben die nachfolgenden kritischen Überlegungen ebenso ausgelöst wie akademische und private Begegnungen mit europäischen Linksintellektuellen, deren Israelkritik in tief verwurzelten Antisemitismen gründet.

Der Antisemitismus ist nicht nur ein Mythos, mit dem die israelischen Rechten den Feind überall aufspüren, um ihn für ihre politischen Zwecke zu mobilisieren, sprich: um Besetzung, Siedlungspolitik und Verletzung der Menschenrechte in der Westbank zu beschönigen. Den eleganten linksliberalen Antisemiten mit ihrem moralischen *bon ton* muss man besorgt die Frage stellen, was passieren wird, wenn die überfällige Zweiteilung des Landes zwischen Israel und Palästina oder gar ein binationaler demokratisch-säkularer Staat im Nahen Osten zustande kommt.

Erst die Korrelation von politischem Messianismus und messianischer Identität vermag die eigentümliche Bewegung dieser Geister zu erhellen, deren *basso continuo* immer wieder auf das Problem der Schuld verweist. Die radikalen 68er hatten den Ausgang aus der selbst verschuldeten Unmündigkeit mit dem Auszug aus der Schuld verwechselt. Wo sie von Abschaffung der Herrschaft sprachen, meinten sie eigentlich die Beseitigung der Schuld. Statt sich mit ihr auseinanderzusetzen, begaben sie sich auf die Suche nach ihrem eschatologischen Feind.

Am Horizont dieser Überlegungen zeichnen sich die Konturen einer Theologie ab, die – nicht mehr messianisch-revolutionär, gnostisch und pathologisch verzerrt – den Weg sowohl zum angemessenen Umgang mit Schuld und Verantwortung ebnen kann als auch zur Therapie der Geister. Diese Theologie könnte das eigentliche Desiderat der Säkularisation sein, mit der die Akteure der

Geister entsagten, als sie den Rückzug in die Realpolitik eingeschlugen. Fischers Kritik am politischen Utopismus zielte wie Habermas' Ethik der Erinnerung auf eine Entzauberung der Geister und Dämonen. Eine solche Entmythologisierung setzte die Einsicht in den Zusammenhang zwischen Verantwortung für die deutsche Vergangenheit und der kritischen Erneuerung des Projekts der Aufklärung voraus. Die Gegenwart kann nur dann zugänglich gemacht und gestaltet werden, wenn der absolute Messianismus in einem angemessenen Umgang mit der Schuld überwunden wird. So versteht sich die Entzauberung der Geister als Aufklärung über den revolutionären Auszug aus der Schuld. Es geht ihr um die reale politische und rechtliche Freiheit, die das Gedenken an die jüdischen Opfer nicht mehr metaphysisch oder messianologisch zu entsorgen versucht.

Tatsächlich gleichen die Geister von '68 aus theologischer Perspektive entlaufenen und verwahrlosten Engeln, die mit ihren zunächst frivolen Inspirationen vom Gottesreich auf Erden das spezifische Szenario der deutschen Nachkriegsgeschichte in ein dämonisches Spektakel verwandelten. Vom politischen Messianismus bis hin zur Gnosis, von der Utopie der Schuldfreiheit bis hin zur mörderischen Verzweiflung konnten diese gefallenen Engel ihre Sehnsucht nach Erlösung nicht verhehlen. Noch ihre Feinderklärungen zeugten von dem Wunsch, den Menschen, so wie er ihnen unter den Bedingungen der realen Geschichte begegnete, zu überwinden. Auch für die Theologie steht dabei die Schuld im Zentrum ihrer therapeutischen Überlegungen. Dafür gibt es ein altmodisches und in der Moderne tabuisiertes Wort: die Sünde. Denn erst wenn das Feindbild in Einsicht in die Abgründe der Schuld transformiert wird, können die Geister und Dämonen ihre Rückkehr in das Reich der Engel antreten.

Die orthodoxe Theologie vermag über die Genese der Geister und ihre Therapie aufzuklären. Ausgebrochen aus ihrem göttlichen Reich, hatten sich diese Engel angeblich säkularisiert, in Wahrheit aber nur messianisch politisiert und damit die Geister einer Antipolitik geschaffen, die »das Politische« überlastet, gelähmt und zerstört haben. Theologie und skeptische Aufklärung teilen das Interesse, diese absolutistische politische Theologie und den utopischen Messianismus zu überwinden und deren Pathologien zu beseitigen. Dass die skeptische Aufklärung sich zu jenen Geistern begibt, die sie in ihrer revolutionären Phase beschwor, gehört auch zum Vermächtnis Adornos.

Im Zentrum des ersten Teils dieses Essays steht der Versuch, den Zusammenhang zwischen messianischer politischer Theologie und politischer Psychologie entlang der Chronik der Ereignisse zu rekonstruieren. Der zweite Teil konzentriert sich auf die für die politische Radikalisierung zentrale Orientierungsfigur Herbert Marcuse und beleuchtet dessen Konzeption einer messianischen Politik, vor allem die Beziehung zwischen Psychoanalyse und politischer Theologie. Marcuses Utopie vom letzten Ödipus, der seinen Vater beseitigt, ohne das Prinzip Herrschaft zu erneuern, mündet in eine politische Messianologie, für die Jesus die politisch-religiöse Erfüllung dieses »letzten Ödipus« verkörpert. Diese Utopie von der herrschaftsfreien als der vaterlosen Gesellschaft wird als eschatologische Langzeitstrategie analysiert. Sie will mit der gewaltsamen Befreiung von Herrschaft alle Schuld aufheben und erhebt die Beseitigung des Vaters zu einem eschatologischen Endzeitkrieg. Der dritte Teil schließlich ist der Analyse von Ernst Blochs Utopie der politisch-religiösen Versöhnung, der anthropologisch begründeten Trinität und deren psychologischen und politischen Implikationen vor dem Hintergrund der Aporie der messianischen Zeit gewidmet, die für Blochs Denken charakteristisch ist. Der Unmöglichkeit des messianischen Ereignisses entspricht eine implizite Transformation des Messias in den *Katechon* (d. i. »der das Ende aufhält«) und die Transformation der politischen Utopie von der trinitarischen Versöhnung zwischen Vater und Sohn im revolutionären Geist in eine Art kulturpsychologische Chiffre.

Die deutsche Studentenrevolte und ihr Nachspiel der Identitäten

Vorbemerkung: Über die Bedeutung der deutschen 68er-Bewegung befragt, verwies der Philosoph Peter Sloterdijk in einem Interview mit der Wochenzeitschrift *Der Spiegel* auf eine Szene in Thomas Manns Roman *Die Buddenbrooks.* Dort wird erzählt, wie ein Angestellter der patrizischen Bürgerfamilie sich der Revolution von 1848 anschließt und auf die Straße demonstrieren geht. Als ihn der alte Buddenbrook antrifft und fragt, wofür er denn demonstriere, meint der Lagerarbeiter: »Wie wull ne Republike«. Der Hausherr weist ihn mit den Worten zurecht: »Du Döskopp, je heww ja schon een!« Darauf denkt der Angestellte kurz nach und meint: »Denn wull wi noch een.« Mit dieser Anekdote wollte der satirische Provokateur Sloterdijk an das Paradox erinnern, dass die deutsche Studentenbewegung von 1968 nicht gegen eine Autokratie oder gar Tyrannei, sondern gegen den demokratischen Rechtsstaat aufbegehrte, für den der sozialdemokratische Bundeskanzler Willy Brandt damals »mehr Demokratie wagen« forderte.

Die 68er in Deutschland waren die Kinder derjenigen, die für Auschwitz verantwortlich waren. Das verlieh der deutschen Studentenbewegung von Anfang an etwas von einem verspäteten und nachholenden Aufstand. Er richtete sich vor allem gegen die nationalsozialistischen Väter, die so schnell und reibungslos zu Demokraten geworden waren und ihre Vergangenheit aus dem kollektiven Gedächtnis zu tilgen suchten. Weil die Eltern einen Aufstand gegen die Tyrannei versäumt hatten, wollte der studentische Aufstand das gleichsam kompensieren. Bei der 68er-Revolte handelte es sich in Deutschland um den verzweifelten Versuch, die Geschichte rückwirkend zu verändern und die für diese verantwortlichen Väter zur Rechenschaft zu ziehen. Deswegen blieb der radikale Messianismus trotz seines utopischen Futurismus vom neuen Menschen immer merkwürdig rückwärtsgewandt. Im Grunde sollte die radikale Veränderung aller Verhältnisse die Bedingungen vernichten, die Auschwitz ermöglicht hatten. Der Ausgang aus der selbst verschuldeten Unmündigkeit sollte den Auszug aus aller Schuld bewerkstelligen. Der Zivilisationsbruch sollte durch den Generationenbruch verdrängt werden. Diese verspätete Revolution entfaltete sich auf zwei Ebenen, entsprach doch ihrer radikal messianischen politischen Theologie eine spezifische politische Psychologie, die das auf unerträgliche Weise belastete Vater-Sohn-Verhältnis betraf. Diese politische Psychologie war etwas komplexer, als eine naheliegende freudianische Interpretation vermuten lässt. Doch schon Freud hatte, wie angesprochen, die Effekte des ödipalen Vatermordes in Romanfantasien erkannt, die den realen durch einen idealen Vater ersetzten. Zielte die Revolte einerseits auf die retroaktive Abschaffung der Väter, so überhöhte sie andererseits Adorno, Marcuse und Bloch zu ihren Idolen und zu den eigentlichen Vätern, die ihrerseits, aus dem Exil zurückgekehrt, mit Ausnahme Adornos die rebellierenden Studenten nur allzu gerne als geistige Söhne »adoptierten«. Die politische Psychologie der 68er lässt sich als imaginäre Beziehung zwischen diesen jüdischen Vätern und den deutschen Studenten beschreiben, die sich hinter der realen politischen Bühne abspielte und einer wahren Geisterfahrt der Identitäten gleichkam. Geistesgeschichte als Geistergeschichte? Adornos vielfach aufgegriffenes Diktum von 1967, dass die deutschen Studenten »so ein wenig die Rolle der Juden übernommen [haben]«, hat tatsächlich ein komplexes Drama imaginierter Identitäten ausgelöst, das die deutsche Geistesgeschichte auch über die Phase der Rebellion hinaus nachhaltig als verborgene Geistergeschichte prägen sollte.

Diesen Zusammenhängen möchte ich nachgehen, indem ich die Parallele zwischen politischer Theologie und politischer Psychologie der deutschen 68er-Revolte als eine »Phänomenologie der Geister« in drei Phasen rekonstruiere. Es handelt sich um die Stufen eines Messianismus, die sich in verschiedenen Dispositionen widerspiegeln. In vorsichtiger Analogie zu Hegel sollen diese Phasen als »träge Bewegung und Aufeinanderfolge von Geistern«, als »eine Galerie von Bildern« dargestellt und in ihrer dialektischen Bewegung entfaltet werden.

Da ist *erstens* die aktivistisch-messianische Phase von den Anfängen von 1967 bis zum Attentat auf Rudi Dutschke im April 1968. Sie findet ihre gewaltsame Fortsetzung in der Gründung der RAF unmittelbar nach dem Dutschke-Attentat und endet mit dem Selbstmord von Baader, Meinhof und Ensslin in der Stuttgarter Haft im Oktober 1977. Diese Zeitspanne ist durch Herbert Marcuses messianische Utopie charakterisiert, die mit den Bedingungen, die »den Faschismus« ermöglicht haben, die Generation der Väter symbolisch auslöschen wollte.

In der *zweiten* Phase der Verinnerlichung und Subjektivierung rückt die messianische Revolte zwar in unendliche Ferne, bleibt aber der eigentliche Horizont einer Geschichte insofern, als »der Faschismus« – gemeint sind die Bedingungen, die Auschwitz möglich machten – unter der demokratischen Oberfläche fortbesteht. Nun verfallen die Söhne einem radikalen Geschichtspessimismus, der mit Theodor W. Adorno in Auschwitz gleichsam das

Wesen der Geschichte freilegt. Mit der sich durchsetzenden Allgegenwart von Auschwitz halten die realen Väter in ihrer historischen Verstrickung ins kollektive Gedächtnis Einzug.

In der *dritten* Phase steigert sich die Verzweiflung über die Geschichte in eine spezifische Form von Gnosis, die Sein und Geschichte in eine böse Welt der Herrschaft und eine gute Welt im Jenseits aufteilt. Die regelrechte Metaphysik der Verzweiflung versucht den messianischen Heroismus des Kollektivs der Söhne durch einen individualistischen ästhetischen Heroismus zu ersetzen. Zugleich setzt in dieser Phase aber auch eine Normalisierung im Umgang mit Geschichte und Politik ein: Die Erinnerung an die nationalsozialistische Vergangenheit und die Anerkennung der real existierenden Demokratie bilden nun die Koordinaten, mit denen eine demokratische Erneuerung in die Wege geleitet werden kann. Walter Benjamin steigt zur Ikone dieser neuen Normalität auf, mit der sich die Revolte dogmatisch kodifiziert. Benjamin gestattet es nämlich, den revolutionären Gestus zu bewahren und doch zugleich Positionen in Politik und Akademie zu besetzen. Das war die Genese einer neuen Politik der Verantwortlichkeit, die ihren expliziten Ausdruck dann 1998 in der rot-grünen Regierungskoalition unter der Führung von Schröder und Fischer gefunden hat.

Die Pointe dieser etwas schematisch anmutenden Konstruktion liegt darin, dass den drei Phasen drei Varianten politischer Theologie entsprechen, die ich am Modell Adornos, Marcuses, Blochs und Benjamins erläutern werde. Diese Namen stehen für eine sich langsam durchsetzende Identifikation mit den jüdischen Vätern. Sie haben den ideologischen Horizont der Revolte geprägt und den deutschen Studenten eine geborgte Identität gestattet. Deren überraschendes Resultat liegt zunächst darin, dass sich die messianischen Söhne gegenüber realen Juden oft als die »wahren Juden« verstanden. Während die Überlebenden der Lager zu Zionisten und damit Kollaborateuren des amerikanischen Imperialismus wurden, wähnten sich diese Söhne in der Rolle des *Verus Israel,* des »wahren Israels«, das aus der Lehre von Auschwitz die richtigen, nämlich »antiimperialistischen« Konsequenzen gezogen hatte. Erst mit der Rückkehr der realen Väter in das Bewusstsein der 68er konnte dann eine schmerzhafte Dissoziation zwischen Opfer und Täter, Juden und Deutschen anheben, mit der die zunächst pathologische Identifikation sich in eine bemerkenswerte Erfolgsgeschichte verwandelte: Eine ganze Generation, die faktisch keine Schuld trug, fand sich nach diesen messianisch-gnostischen Geburtswehen schließlich bereit, sich der Verantwortung für die Verbrechen ihrer Väter zu stellen.

Adorno als Geisterseher

Als Adorno 1949 aus dem amerikanischen Exil nach Deutschland zurückkehrt, berichtet er seinem Freund Leo Löwenthal über seine ersten Eindrücke von deutschen Studenten: Es scheine, »wie wenn die Geister der ermordeten jüdischen Intellektuellen in die deutschen Studenten gefahren wären!« Es sollte nicht das letzte Mal sein, dass sich der Philosoph der kritischen Aufklärung als Geisterseher versuchte, doch erinnert diese Beobachtung sowohl an den inneren Zusammenhang von Aufklärung und ihrem Scheitern, der Adornos gesamtes Denken durchzieht, als auch an den für die spätere Studentenbewegung zentralen Zusammenhang zwischen ihrer Revolte und der Auseinandersetzung mit Auschwitz.

Dieser Zusammenhang war das Spezifikum der deutschen Studentenbewegung, das sie von parallelen Bewegungen in Amerika, Frankreich oder Mexiko etwa unterschied. Dass Adorno Aufklärung aus der Perspektive ihres radikalen Scheiterns dialektisch zu erneuern suchte, verlieh seinem Denken eine merkwürdige Ambivalenz. Zum einen wollte seine philosophische Kritik Aufklärung in der Tradition Kants als »Ausgang des Menschen aus seiner selbstverschuldeten Unmündigkeit« erneuern, zugleich aber war eben dieses Vorhaben von der unfassbaren Katastrophe, für die Auschwitz steht, verstellt. Diesen dialektischen Zugriff vermittelte Adorno seinen Studenten, indem er einerseits vor allem mit Marx das Projekt der Aufklärung kritisch zu erneuern suchte, während er andererseits mit Freud die radikal pessimistische Haltung einnahm, die Kultur immer im Lichte ihres möglichen Rückfalls in die Barbarei deutete. Er erklärte die Dialektik der Aufklärung als bürgerliche Intention der Freiheit und Emanzipation, die durch die kapitalistischen Produktionsbedingungen in die Herrschaft der besitzenden Bürger über die mittellosen Arbeiter umgeschlagen und gegen diese neue Herrschaft zu retten sei. Mit Freud begriff er dagegen den gesamten Prozess der Zivilisation als ein durch Herrschaft erzwungenes Leiden des gesellschaftlichen Individuums; indem dieses sich vom Naturzwang zu befreien sucht, müsse es seine eigene Natur – Bedürfnis, Lust und Eros – umso stärker beherrschen.

In Homers Bericht von Odysseus und den Sirenen hatte Adorno diese Dialektik allegorisch zusammengefasst. Indem Odysseus seinen rudernden Gefährten die Ohren verstopfte und sich an den Mast fesseln ließ, um den Gesang der Sirenen hören zu können, ohne ihnen zu verfallen, habe er den Zusammenhang von Vernunft und

Herrschaft eindringlich demonstriert. Zwar gelinge es dem Helden, Natur und Mythos mit Vernunft und List zu überwinden, nur müsse er eben dadurch sich selbst und seine Untergebenen umso schärfer beherrschen. Diese Allegorie ist als Abbreviatur der gesamten Dialektik der Aufklärung zu verstehen: Sie birgt den Grundgedanken, dass Geschichte mit jedem neuen Auszug in die Freiheit sich wahrscheinlich wieder in eine neue Form von Herrschaft verkehrt. Genau diese Einsicht bestimmt, ins Überdimensionale vergrößert, zuletzt auch Adornos Verständnis des Zusammenhangs von Aufklärung und Auschwitz: Indem Aufklärung und Rationalität mit Wissenschaft und Technologie sich ins Unermessliche gesteigert haben, sind sie zugleich der fast unausweichliche Grund für den Holocaust. Je mehr sich Adorno mit dem Trauma Auschwitz beschäftigte, desto größer seine Geschichtsverzweiflung. Mit Freud argumentierte er zuletzt gegen jede Möglichkeit des Ausgangs aus der Unmündigkeit, wenn er schon in jeder Revolte unausweichlich den Ausbruch in die Barbarei erkannte, zumal die Massen der vom Produktionsprozess beherrschten Arbeiter im Ernstfall ihre Sehnsucht nach Freiheit zugunsten des Führergehorsams opfern würden.

Damit wies Adorno den Studenten mit der einen Hand den Weg in die Freiheit, den er ihnen mit der anderen verwehrte: In diesem Denken gibt es zwischen der realen und der utopischen Geschichte keine »messianische Kontinuität«. Das Trauma der Geschichte konnte für Adorno höchstens noch mit den Schocks der radikal negativistischen Kunst der Avantgarde von Kafka, Schönberg oder Beckett angemessen erfasst werden, die den Schein der von der Kultur verordneten Formen kollektiver Identität zerstörte, um nur ganz negativ auf eine andere Subjektivität »jenseits von Herrschaft und Gewalt« zu verweisen.

»Beckett hat auf die Situation des Konzentrationslagers, die er nicht nennt, als läge über ihr Bilderverbot, so reagiert, wie es allein ansteht. Was ist, sei wie das Konzentrationslager. Einmal spricht er von lebenslanger Todesstrafe. Als einzige Hoffnung dämmert, daß nichts mehr sei. [...] Solcher Nihilismus impliziert das Gegenteil der Identifikation mit dem Nichts. Gnostisch ist ihm die geschaffene Welt die radikal böse und ihre Verneinung die Möglichkeit einer anderen, noch nicht seienden.«

Der Ausgang aus der selbst verschuldeten Unmündigkeit als Auszug aus der Schuld: Von Adorno zu Marcuse

Adornos verzweifelt-kritische Einsicht in das Problem der Kultur schien dem Umstand geschuldet, dass das Subjekt der Emanzipation, die Arbeitermassen, im Augenblick der Gefahr ihre eigene Freiheit der Fata Morgana eines charismatischen Führers opfern würden. Auch verweigerte er sich selbst dem Wunsch der Studenten, die den bewunderten Theoretiker zum Idol ihrer Revolte erheben wollten. Indem Adorno alle Parameter der Kritischen Theorie formulierte, zugleich aber jede revolutionäre Praxis und auch die Rolle als »Vaterfigur« der Studentenrevolte zurückwies, wurde er, noch bevor die eigentliche Studentenrevolte begann, zu deren erstem Angriffsziel. *Ex negativo* gab Adornos politische Gnosis freilich den Horizont der studentischen Revolte vor, die ihre aktivistisch-messianischen Hoffnungen über ein anderes Idol zu verwirklichen suchte.

Was die radikale Polit- und Künstlergruppe Subversive Aktion, in der sich einige der späteren Führer der 68er-Bewegung zusammenfanden, 1963 in einer fiktiven

Anzeige Adornos formulierte, kann als eine satirische Unabhängigkeitserklärung vom geistigen Vater begriffen werden, mit dem ihr Auszug in die aktivistisch-messianische Phase der Revolte und die Identifikation mit Herbert Marcuse anheben sollte:

»Mit dieser Welt gibt es keine Verständigung. Wir gehören ihr nur in dem Maße an, wie wir uns auflehnen. Alle sind unfrei unter dem Schein, frei zu sein. Freiheitsberaubung wird als organisiertes Vergnügen geliefert. Im Stillen ist eine Menschheit herangereift, die nach dem Zwang und der Beschränkung hungert, welche der wahnsinnige Fortbestand der Herrschaft auferlegt. Der deutsche Intellektuelle und Künstler weiß das alles schon längst. Aber dabei bleibt es. Wir glauben, dass Wissen nicht Bewältigung ist. Wenn auch Ihnen das Missverhältnis von Analyse und Aktion unerträglich ist, schreiben Sie unter Kennwort ›Antithese‹ an 8 München 23, Postlagernd. Verantwortlich T.W. Adorno«.

Entgegen Adornos von Auschwitz her bestimmten Position, welche die Studenten hier mit dem Stichwort »Antithesen«, vielleicht nach einem Kommentar des antiken Gnostikers Marcion, eben als Gnosis definierten und die tatsächlich jede Kontinuität zwischen Analyse und Aktion, zwischen dieser und der utopischen Welt auseinanderreißt, erprobten sie jetzt in Demonstrationen und Happenings ihren Auszug aus dem kapitalistischen Herrschaftszusammenhang. Sie wollten die bürgerlichen Verhältnisse umstoßen, die Auschwitz möglich gemacht hatten, und sich in das gelobte Land politischer, erotischer und ästhetischer Freiheit aufmachen. Führende Köpfe der Studentenbewegung, vorab Rudi Dutschke, Dieter Kunzelmann und Bernd Rabehl, orientierten sich dabei bekanntlich an einem Theoretiker, der schnell ihr

Idol werden sollte. Während Adorno Marx, Freud und die Kunst gegen die Revolte anführte, suchte Marcuse eben diese Momente für eine aktivistische revolutionäre Praxis zu instrumentalisieren. Er war der Ideologe der Stunde: Er gab die messianische Richtung der Revolution als Doppelstrategie von politischer Aktion und ästhetischem Happening vor; und er stellte den globalen Kontext her, indem er den deutschen Studenten den Zusammenhang zwischen ihrem Emanzipationsbedürfnis und den Befreiungsbewegungen in Vietnam, China und Kuba eröffnete. Die Welt stand im Sinne von Marcuses betörend einfacher Analyse unter dem Diktat eines allgegenwärtigen »Faschismus«, eine Kategorie, die sich bald zum flächendeckenden Begriff für sämtliche politische Verhältnisse – ob Auschwitz, Vietnam oder amerikanischer Imperialismus – mauserte. Marcuse wollte damit an der leninistischen Perspektive der Weltrevolution festhalten, die sich in der Dritten Welt unmittelbar gegen Unterdrückung und in den westlichen Industrieländern indirekt gegen den demokratischen Staat, den es als kapitalistisches Herrschaftsmonopol zu entlarven galt, richten sollte. Dies gestattete es, die Fronten in der ersten und in der Dritten Welt gleichzusetzen, also die Landguerilla Che Guevaras und Hồ Chí Minhs mit den von Rudi Dutschke schon 1967 konzipierten studentischen Rebellen als »Stadtguerilla«. Zudem wies dieses Konzept den Studenten eine Avantgarderolle im weltweiten Kampf gegen den Imperialismus zu. Diesen Kampf, so empfahl Marcuse, galt es durch Aktionen zu entfachen, die Legitimität und Legalität des »Systems« infrage stellten. Diese politischen Aktionen sollten nach Marcuses Deutung von Freuds Entdeckung des Eros als zivilisatorisches Grundprinzip zugleich durch neue erotische Lebensweisen, Kunst und Happenings erweitert werden; von einer »neuen Sensibilität« in den erotischen Beziehungen versprach sich Marcuse nichts weniger als eine biologische Umbesetzung der humanen Triebstruktur. Mit diesen verschiedenen Fronten des antiimperialistischen Kampfes wies Marcuse den Studenten den Weg in die ersehnte Aktion; er feierte den rebellischen Aktionismus als Ausdruck einer radikal messianischen Strategie, die die Geschichte von Herrschaft und Gewalt, oder wie Marcuse formulierte: die »Welt der Väter« für immer überwinden würde: »Ich behaupte, daß unsere Gesellschaft sich in einer solchen Notsituation befindet und daß diese zum Normalzustand geworden ist«, schrieb er in dem damals viel gelesenen Essay *Repressive Toleranz.* Hätte man diese Notsituation früh genug begriffen, erklärte er weiter, hätte der Mensch die Chance gehabt, »Auschwitz und einen Weltkrieg zu vermeiden«. Der revolutionäre Bruch mit der Herrschaftsgeschichte verlangt mit der selber potenziell gewalttätigen Abschaffung von Gewalt und Schuld den Bruch mit den Vätern: »[D]ie Väter sind schuldig; sie sind nicht tolerant, sondern falsch; sie wollen sich von ihrer eigenen Schuld freikaufen, indem sie uns, die Söhne, schuldig machen; sie haben eine Welt der Heuchelei und Gewalt geschaffen, in der wir nicht zu leben wünschen«, schrieb Marcuse (VüB, 250). Und er postulierte, »die Söhne« sollten vor allem lernen, »sich nicht mit ihren falschen Vätern zu identifizieren, welche Auschwitz und Vietnam geduldet und vergessen haben« (VüB, 262).

Marcuse umriss damit den messianischen Aktionsradius der studentischen Revolte, der für ihn in unmittelbarer Nähe zu einer illegalen und gewalttätigen Praxis stand. Und er deutete diesen messianischen Aktivismus als Befreiung der Söhne von den Vätern und deren Schuld, ja, er hob die revolutionäre Aktion sogar in den Erwartungshorizont einer Tilgung der Spuren der Erbsünde. Damit wurde Kants Projekt der Aufklärung als »Ausgang des Menschen aus der selbstverschuldeten Unmündigkeit« in eine messianische politische Theologie verkehrt, die mit der Überwindung der Unmündigkeit auch alle Schuld »tilgen« sollte. Marcuses faszinierendes Programm bekam seinen verborgenen Sinn in der Idee einer retroaktiv zu revolutionierenden Geschichte, die sich implizit in einer Symbiose der studentischen Söhne mit dem jüdischen Vater niederschlug. Die messianische Identifikation der Söhne mit dem jüdischen Vater kompensierte den symbolischen Mord an dem realen Vater. Während Adorno sich als Idol und Leitfigur verweigert hatte, übernahm Marcuse die Rolle des messianischen Propheten. Das erleichterte den rebellierenden Studenten den Bruch mit Adorno, der ersten, eigentlichen Führungsfigur der Revolte. Wiederholt beschwerte sich Adorno gegenüber Marcuse, dem Freund und Mitstreiter der kritischen Schule, über zunehmende Gewalttätigkeit der Studenten, die in einer Veranstaltung des SDS den israelischen Botschafter mit der Parole »Zionisten raus aus Deutschland« beinahe vertrieben hätten. Marcuse bestand jedoch gegenüber Adorno darauf, in den Studenten die treibende Kraft im globalen Kampf gegen den Imperialismus zu sehen – es gelte zu entscheiden, wo man in diesem Kampf stehe. Dieser Bruch zwischen Adorno und Marcuse mochte jene ikonische Szene inspiriert haben, in der die Studentinnen den erschrockenen Professor barbusig mit Blumen bewarfen. »Adorno als Institution« sei tot, hieß es bald darauf – die Blumen symbolisierten sein frivoles Begräbnis zu Lebzeiten.

Die Mitglieder der Subversiven Aktion hatten sich damals schon dem SDS angeschlossen und sich nach Bildung der großen Koalition von SPD und CDU unter Bundeskanzler Georg Kiesinger in der außerparlamentarischen Opposition formiert. Diese versuchte jetzt Marcuses Aktionsprogramm einer politisch-erotischen Doppelstrategie in die politische Sphäre umzusetzen. In einem oft zitierten Fernsehinterview vom Dezember 1967 erklärte Rudi Dutschke den Begriff der außerparlamentarischen Opposition folgendermaßen:

Dutschke: »Ich denke, dass die Parteien und das Parlament nicht mehr die Wünsche, Interessen und Bedürfnisse von vielen Menschen repräsentieren.«

Frage: »Sie sind für die Abschaffung des Parlaments, so wie es in der Bundesrepublik heute existiert?«

Dutschke: »Ja, ich denke, dass wir uns zu Unrecht als außerparlamentarische Opposition begreifen [...] Wenn wir sagen: außerparlamentarisch, soll das heißen, dass wir ein System von direkter Demokratie erzielen.«

Die politische Fraktion um den charismatischen Vorsitzenden des SDS konzentrierte sich auf Demonstrationen, Straßenschlachten mit der Berliner Polizei und Solidaritätskundgebungen mit dem Freiheitskampf von Che Guevara und Hô Chí Minh, während die Ende 1967 von Rainer Kunzelmann gegründete Kommune 1 vor allem neue Lebensformen erotisch-sexueller Freiheit einübte, um den Ursprung von Faschismus und Autoritarismus in den kleinbürgerlichen Familienstrukturen zu überwinden. Während beide Fraktionen in den Demonstrationen gegen Vietnam, den kongolesischen Diktator Moïse Tschombé oder den amerikanischen Vizepräsidenten Hubert H. Humphrey noch zusammen agierten, forderten die politischen Aktivisten bald, die Kommunarden aus dem SDS auszuschließen, weil sie alle politischen Aktionen zunehmend in Happenings, Spektakel und Klamauk verwandeln wollten. Ohnehin galt den Kommunarden die Ehe Dutschkes als Symptom für die kleinbürgerliche Spießigkeit der politischen Fraktion. Berühmt war neben dem Kommunardenpaar Rainer Langhans und Uschi Obermeier, das sich in der Boulevardpresse gerne nackt präsentierte, der Politclown Fritz Teufel, der damals sein Pudding-Attentat gegen den Deutschland besuchenden amerikanischen Vizepräsidenten plante. Als der Student Benno Ohnesorg bei der großen Demonstration gegen den Schahbesuch am 2. Juni 1967 von dem Polizisten Kurras erschossen wurde, radikalisierten sich beide Fraktionen. Im Anschluss an Dutschkes programmatische Forderung begannen sie nun, den Kampf der vietnamesischen und kolumbianischen Guerilla durch den der Stadtguerilla in den Metropolen zu ergänzen. Obwohl längst auf Distanz zum studentischen Aktionismus, meldete sich der über den Mord an Ohnesorg entsetzte Adorno damals in seinem Seminar noch einmal als Geisterseher zu Wort, als er die Studenten mit den Juden der Zwanzigerjahre verglich.

Beide Fraktionen, die politische wie die erotische, gingen davon aus, dass die Massen der Arbeiter sich ihren Aktionen nicht anschließen würden, doch sie erhofften sich von der Konfrontation mit Staat und Polizei in den Straßenschlachten, dass damit das repressive Wesen des Staates bloßgelegt werde. Im Vorwort zur Übersetzung von Che Guevaras Aufruf, Vietnam zu exportieren, schrieben Dutschke und sein Freund Gaston Salvatore:

»Die internationale Repression treibt diesen Prozeß voran, indem sie jeden sozialrevolutionären Aufstand durch die Mobilisierung der eigenen Gewaltmaschinerie niederzuschlagen versucht. Die zugestandenen Reformen sind nur noch Momente der militärischen Befriedung und haben jede eigenständige Bedeutung verloren.«

Aber auch die Kommunarden hatten Vietnam längst als Modell für einen zu erweiternden Aktionsradius entdeckt. In dem berühmten *Flugblatt Nr. 7,* das unmittelbar nach einem Großbrand in einem belgischen Kaufhaus verteilt wurde, war zu lesen: »Ein brennendes Kaufhaus mit brennenden Menschen vermittelte zum ersten Mal in einer europäischen Großstadt jenes knisternde Vietnamgefühl (dabei zu sein und mitzubrennen), das wir in Berlin bislang missen müssen.« Im *Flugblatt Nr. 8* fragten die Kommunarden ungeduldig: »Wann brennen die Berliner Kaufhäuser?« Es endete mit dem Aufruf: »Burn, warehouse, burn!«

Rudi Dutschke als Messias

Der politische Aktionismus war von Anfang an von einem Messianismus geprägt, der sich zusehends von der politischen Realität entfernte. Während man vorgab, gegen den repressiven faschistischen Staat zu demonstrieren, wollte man in Wahrheit diesen Staat eben zu solchen Repressionen veranlassen – in der Hoffnung, diese Eskalation möge den revolutionären Augenblick herstellen. Dutschke plante mit seinen Genossen damals tatsächlich nichts weniger als »die Machtergreifung« in Berlin, die ein Räteparlament und die Enteignung des den Studenten gegenüber besonders feindlich gesinnten Springer-Verlags vorsah. Die revolutionäre Dezision musste freilich durch pseudo-marxistische Scholastik abgedeckt werden. Dutschke erklärte damals in einer sogenannten historischen Sitzung, dass die Produktivkräfte jetzt einen Punkt erreicht hätten, an dem es »materiell möglich« sei, Hunger, Krieg und Herrschaft abzuschaffen. Diese Revolution wurde dann allerdings in letzter Minute abgesagt, unter anderem mit dem Argument: »Wie können wir es vermeiden, zum Sündenbock der verminderten Wirtschaftsfähigkeit der Stadt zu werden? Sonst sind wir die wirklichen Juden!«

Derlei Assoziationen verdankten sich nicht nur den Suggestionen Adornos, Marcuses und zunehmend auch Ernst Blochs, sie ergaben sich aus der Identifikation mit jüdischen Revolutionären von Karl Marx bis Rosa Luxemburg und einer vagen Identifikation mit den in Auschwitz ermordeten Juden als Opfern von Faschismus und Konterrevolution. Rudi Dutschke verglich seinen eigenen Partisanenkrieg gegen die Berliner Polizei gelegentlich mit dem des messianischen Partisanen Bar Kochba. Rückblickend stellte er zu dieser Parallele allerdings fest: »Die rebellische Parole der Juden gegen die Römer: zurück in die Berge, um von dort aus die Vorbereitung des entscheidenden Kampfes durchzuführen«, das sei schon »seit langem nicht mehr in den Metropolen möglich.« Bei dieser Identifikation spielte die Reaktion der Bürger Berlins auf die Straßenkämpfe eine nicht zu unterschätzende Rolle. Mittlerweile hatten die Studenten nämlich die Haltung der Berliner Bevölkerung kennengelernt. Protestierten die Aktivisten der Revolte gegen den amerikanischen Imperialismus, so standen die Berliner Bürger, die nicht allzu lange vorher durch eine amerikanische Luftbrücke vor dem Zugriff Stalins gerettet worden waren, solchen Ideen fassungslos gegenüber und verliehen ihrem Unmut auf drastische Weise Ausdruck: »Volksfeind Nr. 1 – Rudi Dutschke« hieß es auf dem Plakat einer Gegendemonstration. »Politische Feinde ins KZ!«, grölten Passanten den Studenten entgegen. »Lyncht die Sau!« – »Schlagt ihn tot!« – »Kastriert das Judenschwein!« – »Dutschke ins KZ!«, lauteten die Parolen der auch von Springers

Presse aufgehetzten Bürger. Diese Reaktionen mochten im Bewusstsein der revolutionären Söhne neben ihrem Messianismus die Identifikation mit den jüdischen Opfern nahegelegt haben.

Hatte sich Rudi Dutschke seit seinen Anfängen mit dem Messianismus in all seinen Formen identifiziert, so erkannte er in Jesus Christus – wie seine Freunde aus der Szene der linken politischen Theologie, Herbert Marcuse, Ernst Bloch und Helmut Gollwitzer – das Urmodell des messianischen Revolutionärs, der von der siegreichen Konterrevolution in die Rolle des Märtyrers gezwungen werden würde. Schon mit Marcuse hatte Dutschke eine messianische Vorstellung von revolutionärer Aktion vertreten, um dann von seinem väterlichen Freund Ernst Bloch einen politischen Messianismus zu übernehmen, der Marxismus und politische Theologie im Geiste der Drei-Reiche-Lehre nach Joachim von Fiore vereinigte sowie jüdische und christliche Traditionen im Sinne einer radikalen Utopie des Reiches verschmolz. Durch diese Symbiose des politischen Messianismus, die für Bloch und Dutschke vor allem die Figur des »Befreiungstheologen« der Reformationszeit, Thomas Münzer, repräsentierte, konnte die mittelalterliche Geschichtsmystik von den drei Reichen – das des Vaters und des Alten Testamentes, das des Sohnes und des Neuen Testamentes und das des Heiligen Geistes als das dritte Evangelium der Erlösung und des Reichs Gottes – auf die marxistische Utopie vom neuen Menschen übertragen werden. Zugleich enthielt eine solche Symbiose auch das politisch-theologische Vorbild für die besondere messianische Freundschaft zwischen dem Vater Ernst Bloch und dem Sohn Rudi Dutschke. Beide verstanden sich geradezu als Verkörperung dieser messianischen Symbiose von Vater und Sohn im Zeichen des heiligen Geistes der Revolution. Ihre Freundschaft entsprach Blochs Vision von einer revolutionär utopischen Trinität, sie war gleichsam deren real-existenzielle Antizipation.

Als Rudi Dutschke am 11. April 1968 von Josef Bachmann niedergeschossen wurde, schien das Ende der aktivistisch-messianischen Phase der Revolte gekommen. Stellvertretend für die ganze Bewegung hatte Dutschke nun selber das christliche Martyrium ereilt – so jedenfalls erschien es seiner Frau. Bewusst stellte sie damals nicht nur eine Parallele zu der Ermordung von Martin Luther King her, sondern rückte das Attentat in die Nähe zum Kreuzestod des christlichen Messias, der hier in Gestalt des jüdischen Revolutionärs von einem Konterrevolutionär erschossen worden sei: »Am Gründonnerstag, dem 11. April 1968, eine Woche nach der Ermordung von Martin Luther King in den USA, wurde Rudi von einem durch die Springerpresse aufgehetzten Hitler-Verehrer namens Josef Bachmann niedergeschossen«, schreibt Frau Dutschke in ihren Erinnerungen. Ganz in diesem Sinne hat Dutschke selbst, als er nach seiner schwierigen Genesung in England Deutschland einen kurzen Besuch abstattete, seine eigene Rolle gesehen: »Viele dachten und denken, hoffen fälschlicherweise auf einen alten und neuen politischen Messias, begreifen noch immer nicht, daß die herrschende Klasse seit Jahrzehnten die Führer des proletarischen, bäuerlichen befreienden Kampfes liquidiert«.

Stadtguerilla und KZ: Das endgültige Scheitern der Revolte und die Erfindung des deutschen Opfers

Nach diesem Attentat war die eigentliche Studentenbewegung im April 1968 faktisch zu Ende, noch bevor der französische Mai ausbrach. Was ihr folgte, war jenes Drama der Radikalisierungen, das in der Gründung der sogenannten Roten Armee Fraktion, der RAF, im Mai 1970 gipfelte. Kurz nach dem Attentat auf Dutschke publizierte die brillante Journalistin Ulrike Meinhof, damals Redakteurin der linken Zeitschrift *Konkret*, ein vielsagendes und folgenreiches Communiqué:

»Die Grenze zwischen verbalem und physischem Widerstand ist bei den Protesten gegen den Anschlag auf Rudi Dutschke [...] massenhaft [...] überschritten worden. [...] Nun, nachdem gezeigt worden ist, daß andere Mittel als nur Demonstrationen, Springer-Hearing, Protestveranstaltungen zur Verfügung stehen, andere als die, die versagt haben, weil sie den Anschlag auf Rudi Dutschke nicht verhindern konnten, nun, da die Fesseln von Sitte & Anstand gesprengt worden sind, kann und muß neu und von vorne über Gewalt und Gegengewalt diskutiert werden. [...] Der Spaß hat aufgehört.«

Ihre Mitkämpferin Gudrun Ensslin meinte damals kategorisch: »Mit den Leuten, die Auschwitz gemacht haben, kann man nicht reden!« Die Diskussion über Gegengewalt sollte bald zur Gründung der RAF führen, zu der es nach dem ersten von Flugblättern der Kommune inspirierten Brandanschlag von Baader und Ensslin auf ein Frankfurter Kaufhaus und deren Befreiung aus der Haft durch Ulrike Meinhof kam.

»Die Klassenkämpfe entfalten/Das Proletariat organisieren/Mit dem bewaffneten Widerstand beginnen/Die Rote Armee aufbauen!« Mit diesen Worten begründete Ulrike Meinhof, die nun aus dem Untergrund als Ideologin der RAF wirkte, den Weg in den terroristischen Partisanenkrieg als Entscheidungsakt. Die messianischen Aktivisten warteten nicht länger auf die Unterstützung der Massen und sahen nun den kapitalistischen Staat als den eigentlichen Feind, den zu bekämpfen die selbst ernannten Stadtguerillas als revolutionäre Solidarität mit den Guerillas in Vietnam, im Kongo und in Palästina auffassten. Die Weltrevolution sollte durch einen globalen Kampf ausgelöst werden, der Krieg gegen den Feind entsprach mithin immer mehr einem blinden Aktivismus, der schon in der Studentenbewegung Ziel und Mittel der Revolution verwechselt hatte.

Kurz vor dieser Radikalisierung des militanten Flügels der Bewegung kam es zur Entdeckung eines neuen Kriegsschauplatzes, der die Guerilla, die man mit Vietnam, Kongo und Kuba assoziierte, in eine überraschende geografische und mentale Nähe rückte: Palästina. Nach dem Sechstagekrieg im Juni 1967 rückte das palästinensische Problem ins Zentrum des rebellischen Interesses. Während die populistische *Bild-Zeitung* das Wunder des israelischen Blitzkriegs feierte, begannen die Studenten von ihrer Identifikation mit den jüdischen Opfern abzurücken und die palästinensische Tragödie zu entdecken: »Die Anerkennung des Existenzrechts der in Palästina lebenden Juden durch die sozialrevolutionäre Bewegung in den arabischen Ländern darf nicht identisch sein mit der Anerkennung Israels als Brückenkopf des Imperialismus und des zionistischen Staatsgebildes«, hieß es in einer Stellungnahme des SDS vom September 1967. »Die gegenwärtigen Annexionspläne des zionistischen Kapitalismus haben den letzten Zweifel am reaktionären Charakter Israels beseitigt.« Indem der SDS weitgehend die Position der palästinensischen Befreiungsbewegung übernahm, wollte er auch den falschen Philosemitismus und das Bündnis zwischen dem deutschen Staat und dem israelischen Imperialismus brandmarken. Ulrike Meinhof hatte damals ihre berüchtigte und hämische Kolumne in *Konkret* verfasst:

»*Bild* gewann in Sinai endlich, nach 25 Jahren, doch noch die Schlacht von Stalingrad. Antikommunistisches Ressentiment ging nahtlos auf in der Zerstörung sowjetischer Mig-Jäger [...]. Hätte man die Juden, statt sie zu vergasen, mit an den Ural genommen, der Zweite Weltkrieg wäre anders ausgegangen, die Fehler der Vergangenheit wurden als solche erkannt, der Antisemitismus bereut, die Läuterung fand statt, der neue deutsche Faschismus hat aus den alten Fehlern gelernt, nicht gegen – mit den Juden führt Antikommunismus zum Sieg.«

Damit begann unter den radikalen Militanten eine dreifache Entwicklung: Zum einen musste das Selbstverständnis der radikalen 68er als Söhne der jüdischen Revolutionäre revidiert werden. Bei Ernst Bloch konnten die protojüdischen Söhne nachlesen, dass die »messianische, aus Judentum und Christentum entwickelte Politik [...] sich der nationalen zionistischen Idee« verweigere. Der Staat Israel, »durch die Flucht vor dem Faschismus bevölkert«, sei »selber ein faschistischer geworden«. Und *Höre Israel* hieß ein Gedicht des Dichters Erich Fried aus dem Jahr 1967, der mit Dutschke und Meinhof befreundet war. »Ihr habt überlebt, die zu euch grausam waren. Lebt ihre Grausamkeit, in euch jetzt weiter?«, fragte er. Von nun an wurde unterschieden zwischen den Juden als Revolutionären und Opfern des

Faschismus, mit denen man sich identifizierte, und dem selbst faschistischen Zionismus, gegen den sich der antiimperialistische Kampf richten müsse. Diese neue Haltung gegenüber dem angeblich faschistischen Israel fand ihre Ergänzung darin, dass die bisher nur theoretisch imaginierte Stadtguerilla sich nun in palästinensischen Flüchtlingslagern von der »richtigen« Landguerilla zu Terroristen ausbilden ließ. Palästina wurde damit zum *missing link* zwischen der Ersten und der Dritten Welt, aber auch zwischen Theorie und Praxis. Es bewirkte die eigentliche Revolutionierung der radikalen 68er und führte die radikalsten Repräsentanten der politischen Fraktion um Horst Mahler und Hans Jürgen Krahl wieder mit der Kommune um Dieter Kunzelmann zusammen: Die Ästhetiker der Zerstörung aus der Kommune und die politischen Aktivisten der Straßenkämpfe, beide aus der Subversiven Aktion hervorgegangen, konnten jetzt auf Grundlage der Idee von der Stadtguerilla wieder gemeinsam agieren. Ausgerechnet während der Gedenkfeiern zur Reichspogromnacht am 9. November 1969 kam es zu dem offenbar von den Kommunarden angeregten Bombenanschlag im jüdischen Gemeindezentrum Berlin. Zwar konnte die Bombe rechtzeitig entschärft werden, doch in einem Flugblatt der Kommunarden wurde der Anschlag unter der Überschrift »Schalom und Napalm« folgendermaßen kommentiert: »Jede Feierstunde in Westberlin und in der BRD unterschlägt, daß die Kristallnacht von 1938 heute täglich von den Zionisten in den besetzten Gebieten, in den Flüchtlingslagern und in den israelischen Gefängnissen wiederholt wird.« Der Gründer der Kommune, Dieter Kunzelmann, schrieb damals begeistert aus einem Flüchtlingslager in Jordanien: »Palestina [sic] ist für die BRD und Europa das, was für die Amis Vietnam ist. Die Linken haben das noch nicht begriffen. Warum? Der Judenknax! Wir haben 6 Millionen Juden vergast. Die Juden heißen heute Israelis.«

In der radikalsten Phase des messianischen Aktivismus kam es also in der sich nun im Untergrund formierenden RAF zu einer visionären Fusion von drei Momenten: zur Aneignung der Rolle des jüdischen Revolutionärs (1), der in den Juden Israels den ultimativen Feind erkennt (2), den es nun mit den palästinensischen Fedajin zu bekämpfen gelte (3). Die Führer der RAF, Andreas Baader, Gudrun Ensslin, Horst Mahler und Ulrike Meinhof, hatten sich in einem palästinensischen Flüchtlingslager von dem Kommandeur des Schwarzen September, Ali Hassan Salame, für ihren Untergrundkrieg gegen die Bundesrepublik Deutschland ausbilden lassen. »Die Rote Armee Fraktion redet vom Primat der Praxis. Ob es richtig ist, den bewaffneten Widerstand jetzt zu organisieren, hängt davon ab, ob es möglich ist; ob es möglich ist, ist nur praktisch zu ermitteln.« So lautete die magische Formel im ersten Manifest der RAF. Der Feind war erkannt, die souveräne Entscheidung gefallen. »Die Namen von Auschwitz, Sétif, Vietnam, Indonesien, Amman stehen für die Erfahrung, daß Massaker nicht der Vergangenheit überwundener Herrschaftssysteme angehören, sondern nach wie vor zum Instrumentarium der Herrschenden gehören«, hieß es in einem anderen Manifest. Und weiter: »Was erwarten die Genossen eigentlich in einem Land, das Auschwitz hat widerstandslos über sich ergehen lassen?«

Die Geschichte ist hinreichend bekannt. Nachdem die RAF sich durch ihre Banküberfälle eine revolutionäre Infrastruktur in der ganzen Bundesrepublik aufgebaut hatte, eröffnete sie im Frühjahr 1972 einen Vergeltungsschlag für die amerikanische Großoffensive in Vietnam.

Mit dieser sogenannten Mai-Offensive begann die RAF, eine Serie von Bombenanschlägen auf amerikanische Militärziele zu verüben, die neben zahlreichen Soldaten auch immer mehr Zivilisten töteten oder verletzten. Als die Führung der RAF noch im selben Jahr verhaftet wurde, startete sie die zweite Phase ihrer Terroraktionen, die Periode der Kommandos, die mittels Entführungen prominenter Bankiers und Politiker die einsitzenden Genossen freipressen sollten. Kurz nach dem Massaker unter israelischen Sportler durch denselben Schwarzen September, bei dem die RAF sich hatte ausbilden lassen, brachte Ulrike Meinhof ein neues Manifest aus dem Gefängnis an die Öffentlichkeit: *Die Aktion des »Schwarzen September« in München. Zur Strategie des antiimperialistischen Kampfes* lautete der Titel der Flugschrift, die damals an zahlreichen Universitäten auslag.

»Die Genossen vom ›Schwarzen September‹ haben ihren eigenen schwarzen September 1970 – als die jordanische Armee über 20 000 Palästinenser hingemetzelt hat, dahin zurückgetragen, wo dieses Massaker ursprünglich ausgeheckt worden ist: Westdeutschland – früher Nazideutschland – jetzt imperialistisches Zentrum. Dahin, von wo aus die Juden in West- und Osteuropa nach Israel auszuwandern gezwungen worden sind – […] dahin, von wo Israel sein Wiedergutmachungskapital bezog und bis 1965 offiziell Waffen – dahin, wo der Springerkonzern Israels Blitzkrieg im Juni 1967 als antikommunistische Orgie gefeiert hat«.

RAF und Schwarzer September, so beteuerte Ulrike Meinhof damals, verfolgten tatsächlich dieselben Ziele: »Materielle Vernichtung von imperialistischer Herrschaft. Zerstörung des Mythos von der Allmacht des Systems.« Weil sich der imaginäre Krieg der Stadtguerilla als »totaler Krieg« gegen einen allgegenwärtigen Feind verstand, konnte das Fazit kaum mehr überraschen: »Der Akt der Befreiung im Akt der Vernichtung.«

Während die im Stammheimer Gefängnis in Stuttgart mittlerweile zusammengelegten Mitglieder der Baader-Meinhof-Gruppe Vergeltungsaktionen planten, die zum Teil schon von ihren Nachfolgetruppen ausgeführt wurden, um gegen angeblich drakonische Haftbedingungen der RAF zu protestieren, ergingen sich die aus der Haft heraus regierenden Revolutionäre in Fantasien über ihre Haftbedingungen. So hatte Ulrike Meinhof schon in ihrer ersten Isolationshaft im Gefängnis Köln geschrieben: »Der politische Begriff für den toten Trakt, Köln, sage ich ganz klar – ist: das Gas. [...] Meine Auschwitzphantasien darin waren realistisch.« Gudrun Ensslin dazu: »Unterschied toter Trakt und Isolation: Auschwitz zu Buchenwald. Der Unterschied ist einfach. Buchenwald haben mehr überlebt als Auschwitz. [...] Wie wir drin, ja um das mal klar zu sagen, uns darüber wundern können, daß wir nicht abgespritzt werden. Sonst über nichts.« Solche und ähnliche Aussagen bringen den Kern der aktivistisch-messianischen Phase der 68er-Bewegung auf ihren dramatischsten Punkt, zugleich offenbaren sie die Metamorphose vom eingebildeten jüdischen Revolutionär in die Rolle des Opfers von Auschwitz, an dessen Stelle sich nun die Stadtguerilla selbst gesetzt hatte.

Während die RAF ihre Vergeltungskommandos mithilfe ihrer Rechtsanwälte aus der Zelle organisierte, hatte mittlerweile der Gerichtsprozess seinen Lauf genommen. In der Sitzung vom Juni 1976 suchte der damalige Anwalt der RAF, Otto Schily, seine virtuose Verteidigungsrede mit der Notwendigkeit einer Globalisierung des Widerstandsrechts zu begründen:

»Stellen Sie sich einmal vor, es wäre auf eine Institution wie im Dritten Reich das Reichssicherheitshauptamt ein Bombenanschlag verübt worden. Stellen Sie sich vor, es wäre ein Prozeß geführt worden gegen einen Angeklagten, dem angelastet würde, diesen Bombenanschlag verübt zu haben. Würden Sie einem solchen Angeklagten verwehren, darüber Beweis erheben zu lassen, daß über das Reichssicherheitshauptamt die Vernichtungsaktionen, die Ausrottungspolitik gegenüber jüdischen Mitbürgern koordiniert und durchgeführt worden sind? Jedermann, der einmal Rechtskunde studiert hat, weiß, daß im Bereich eines Notwehr- oder eines Nothilferechts ein solches Recht unter Umständen auch in Anspruch genommen werden kann, wenn die Nothilfe oder Notwehrhandlung dazu führt, daß jemand ums Leben kommt.«

In seiner Zusammenfassung formulierte Schily die Analogie, die die Logik der Gewalt auf den Begriff bringen sollte: »Daß mittels militärischer Einrichtungen hier auf dem Boden der Bundesrepublik Deutschland Völkermord vollzogen worden ist. Dieser Frage werden Sie nicht ausweichen können.«

Nach dem Zusammenbruch der letzten großen Aktion der RAF, eine Apotheose des deutsch-palästinensischen Bündnisses im Kampf gegen den weltweiten imperialistischen Feind, nahmen sich die Führer der RAF das Leben. Ihre letzte terroristische Parallelaktion, die Entführung von Hanns Martin Schleyer, Vorsitzender der Bundesvereinigung der Deutschen Arbeitgeberverbände, durch ein RAF-Kommando, und die Entführung des deutschen Passagierflugzeuges Landshut durch das palästinensische Kommando Märtyrer Halime, sollte sie aus dem Gefängnis freipressen. Mit der Stürmung der Landshut, deren palästinensische Entführer in Mogadischu auf das Lösegeld und die befreiten Terroristen warteten, durch die GSG 9 war die RAF erledigt. Die Selbstmorde in Stammheim sollten phantastische Legenden über das Martyrium der Rebellen erzeugen, sie waren tatsächlich der Auftakt zu einer Metaphysik des deutschen Opfers.

Was mit einem imaginierten Bündnis mit den jüdischen Vätern begonnen hatte, kulminierte in der Selbststilisierung der Stadtguerilla zu KZ-Opfern. Damit hatte sich diese Avantgarde des revolutionären Kampfes tatsächlich selbst an die Stelle der Opfer von Auschwitz gesetzt!

Nach diesem endgültigen Zusammenbruch der Revolte sollte jene Phase der Verinnerlichung und Subjektivierung einsetzen, die zwar an der Idee von Revolution und Utopie festhielt, sie aber vorerst in weite Ferne rückte. Es war die Phase der Melancholie, die sich vielleicht nirgends so dramatisch dokumentiert hat wie in dem Film *Deutschland im Herbst,* in dem Volker Schloendorf, Margarethe von Trotta, Rainer Werner Fassbinder und andere mitgewirkt hatten. Der Film nahm das Staatsbegräbnis des von der RAF ermordeten Industrievorsitzenden Schleyer und die Beerdigung der Führer der RAF zum Anlass, mit Schwarz-Weiß-Aufnahmen die deutsche Nachkriegsgeschichte ganz in die Kontinuität des »Faschismus« zu rücken. Suggestive Nahaufnahmen von Polizei, Bundeswehr und aus Reden deutscher Politiker sollten die eine Botschaft transportieren: Der Faschismus hat gesiegt, die Bundesrepublik ist die Fortsetzung der Nazityrannei. Statt Umdenken, Reue, Kritik am blutigen Kapitel der terroristischen Aktionen taucht der Film ein in eine tiefe Melancholie und elegische Verzweiflung über das endgültige Scheitern dieser (Schein-)Revolution. Damit markierte er die ästhetische Wende zu einem neuen Abschnitt der Revolte. Dieser war geprägt von der Auffassung, dass »der Faschismus« und Auschwitz immer noch »anwesten«, ja so sehr fortdauerten, dass nun anstelle von Hoffnung und Utopie Geschichtsverzweiflung treten sollte.

Die Allgegenwart von Auschwitz oder: die Rückkehr der Väter

Mit dem Zusammenbruch der aktivistischen Revolte und der einsetzenden »inneren Emigration« ihrer Protagonisten blieb die politische Metaphysik der Revolte intakt. Die Utopie von Verhältnissen jenseits bürgerlicher Herrschaft hielt an, wurde aber in eine ferne Zukunft verschoben. Ebendies ließ die Gegenwart umso mehr als Fortsetzung der faschistischen Vergangenheit erscheinen. So geriet Auschwitz zum Emblem der fortbestehenden Vergangenheit, die sich nun – ohne Hoffnungsperspektive – als allgegenwärtige Katastrophe in das kollektive Bewusstsein der 68er einschreiben sollte. Ohne die Perspektive einer utopischen Veränderung des Menschen musste Auschwitz geradezu als das »Wesen des Politischen« erscheinen. Nun wurden die wirklichen Väter wiederentdeckt, die die Studenten zuvor symbolisch ausgelöscht hatten.

Der Roman *Die Reise* von Bernward Vesper, dem geschiedenen Ehemann von Gudrun Ensslin, kann als ein paradigmatischer Text gelesen werden, dessen Einsicht in die gemeinsamen Ursprünge totalitärer Gewalt in der Generation der Väter und Söhne den Horizont eines wirklichen Emanzipationsprozesses skizziert. Auf einer Reise von Dubrovnik nach Tübingen überlässt sich der Autor seinen Erfahrungen mit LSD, in denen er visionär die eigene Disposition zu Hass und Gewalt als Reaktion auf die Hitler-Generation, aber auch als deren Fortsetzung zu durchschauen beginnt. In einem Gespräch mit seinem Reisegefährten, einem amerikanischen Juden namens Burton, erläutert er seine Halluzinationen:

»Ich kann dir wenig sagen, flüsterte ich. ›Wir sind Hitler, wir?‹ Burton zuckte mit den Schultern. ›Wie meinst Du das?‹ Ja, ich wußte genau, daß ich Hitler war, bis zum Gürtel, daß ich da nicht herauskommen würde, daß es ein Kampf auf Leben und Tod ist, der mein Leben verseucht, seine gottverdammte Existenz hat sich an meine geklebt, wie Napalm, […], ich muß versuchen, die brennende Flamme zu löschen, aber es ist gar nicht Hitler, ist mein Vater, ist meine Kindheit, meine Erfahrung BIN ICH …«

Die Napalmflammen auf dem Rücken des nackten vietnamesischen Mädchens hatten sich in das zehrende Feuer der eigenen Generationsgeschichte verwandelt. Der Hass gegen das System enthüllt sich als Hass gegen den Vater, in dem er dieselbe kleinbürgerliche Unsicherheit und Sehnsucht nach Führung wiedererkennt, die ihn selbst in die Arme der charismatischen Führer der Revolte, zu Dutschke, Baader, Ensslin, geführt hatte. In einer LSD-Halluzination imaginiert sich der Icherzähler Vesper als der von allen Illusionen, Idolen und Göttern verlassene Christus, der sein *»Lama lama asavtani«* (Mein Gott, warum hast Du mich verlassen?) ausruft und zugleich in dieser Halluzination den eigenen Vater, noch immer im Bann seines Führers Adolf Hitler, erkennt. Der Autor konnte den Schritt von den Höhen solcher Selbsterkenntnis in die graue und schwerfällige Realität nicht mehr ohne Drogen nachvollziehen. Seinen Roman hat er nicht vollendet, er beging Selbstmord im Jahr 1977.

Auch Peter Schneider, der zum engen SDS-Kreis um Dutschke gehörte, stellte sich in seinem Roman *Vati* dem Vaterproblem: »Die Hoffnung aber, ich könnte mich durch ein paar hastig erlernte Zitate von Mao und Che Guevara von meinem Vater befreien, war mir nie erlaubt«, sagt das fiktive Ich in diesem Roman, um eine grauenvolle Entdeckung zu machen: Ohne dass der Name Josef Mengeles erwähnt wird, begreift der Leser, dass der von diesem Ich in Südamerika gesuchte Vater nur der Arzt von Auschwitz sein kann. Die Entdeckung, dass dieses Ich seiner Sohnschaft auch nicht durch die Tötung dieses nach wie vor bekennenden Nazis entkommen kann, öffnet ihm auch die Augen über die Affinität zwischen beiden »Bewegungen«. Der Nationalsozialismus der Väter entspricht, bei allen enormen Unterschieden, doch dem Marxismus der Söhne: Es geht um totalitäre Selbsterlösung durch Gewalt. Auch die »Studentenbewegung«, wie die 68er sich »in unfreiwilliger Selbstanzeige« nannten, hätte eine »endgültige Lösung« versucht – nämlich eben die ihres Vaterproblems. Das Ich findet sich in seiner Familiengeschichte gefangen; vergeblich hofft es, die Verfolger seines Vaters, denen es doch »den Weg zu ihm gezeigt hat«, könnten »die Tür aufbrechen« und es »befreien«.

Versucht man die postmessianische Mentalität zu charakterisieren, die sich hier zu Wort meldet, so erscheint sie als eine Rückkehr zu demselben Adorno, von dem die Studenten sich vor ihrem Auszug in die Gewalt abgewendet hatten. Sie hatten ihn einst in jenem skandalösen Auftritt in seiner Vorlesung symbolisch getötet, weil er sie die Allgegenwart von Auschwitz, die Unmöglichkeit einer realen Veränderung und einzig Kunst und Ästhetik als kritische Instrumente gelehrt hatte. Nach dem Zusammenbruch der »Bewegung« bestimmten genau diese Momente die neue Bewusstseinslage der ehemaligen Revolutionäre. Doch war der Weg zurück zu Adorno verstellt, weil er es den Studenten sozusagen »immer schon gesagt« hatte und weil sie sich ungern ihrer eigenen Schuld gegenüber diesem Propheten der ersten Stunde stellen wollten. Diese Phase war dadurch gekennzeichnet, dass man von Adorno aus gegen ihn und über ihn hinaus die Allgegenwart von Auschwitz zu denken versuchte. Es war aber auch die Phase eines radikalen Umdenkens, mit dem die längst fällige Abkehr vom Messianismus den Weg in die real existierende Demokratie eröffnen konnte.

Adornos Nachfolger: Zwischen ideologischer Aufrüstung und Rückkehr in die politische Realität

1979 notierte der Schriftsteller Martin Walser: »Seit Auschwitz ist noch kein Tag vergangen. […] Daß in dieser Zeitrechnung seit Auschwitz noch kein Tag vergangen ist, spürt man bei jeder Begegnung mit der Auschwitz-Wirklichkeit.« Jürgen Habermas wandte sich 1985 im Historikerstreit gegen den Versuch Ernst Noltes, durch Gleichsetzung mit dem sowjetischen Gulag die nationalsozialistischen Verbrechen zu relativieren. Er sprach von einem »traumatische[n] Nicht-vergehen-Wollen eines in unsere nationale Geschichte eingebrannten moralischen Imperfekts«. An anderer Stelle schrieb er: »Es ist, als wenn sich jene zwölf Jahre unter dem Druck immer erneuter Aktualisierungen ausdehnten, statt aus immer entfernteren Retroperspektiven zu schrumpfen.« Der Schriftsteller Botho Strauß meinte sogar, Auschwitz habe sich gleichsam aus der realen in eine Metageschichte zurückgezogen: »Die Verbrechen der Nazis stehen zuletzt außerhalb der Ordnung des Politischen. [...] Sie stellen den Deutschen in die Anwesenheit der Untat, in die Erschütterung, als sei sie gerade geschehen«. Mit dem Zusammenbruch des utopischen Aufbruchs brach Auschwitz jetzt massiv in das kollektive Bewusstsein der Deutschen ein. Die Bilder, Berichte und Zeugenaussagen aus dem Eichmannprozess in Jerusalem und dem großen Auschwitzprozess in Frankfurt von 1963 hatten den Vorstellungsraum vom Abgrund des Bösen in einer Weise zu besetzen begonnen, die einst die apokalyptischen Bilder von der Hölle innehatten. So sehr bestimmten diese Bilder des Entsetzlichen den Vorstellungsraum, dass kaum mehr von einer Gefahr ihrer Verdrängung die Rede sein konnte. Nach dem pathologischen Kapitel des aktivistischen Messianismus der 68er setzte sich der Einbruch dieser Vergangenheit in das kollektive Bewusstsein durch. Damit rückte nun immer stärker die Frage in den Vordergrund, wie mit der deutschen Schuld angemessen umzugehen sei. Nach der Erkenntnis, dass die Revolution der Söhne die Schuld der Väter nicht entsorgen konnte, blieb weiterhin ungeklärt, wie die Generation der Nachgeborenen mit der Schuld ihrer Väter umgehen sollte. Zumal unter dem Eindruck neu ausbrechender rechtsradikaler Gewalt in der dritten Generation, unmittelbar nach der Wiedervereinigung 1989, erhielt die Frage nach der Verantwortung derer, die es nicht getan hatten, neue Brisanz. Nun erst konnte es zu einer Klärung des Zusammenhangs zwischen realpolitischer Praxis und einer angemessenen Ethik der Erinnerung kommen.

Es waren vor allem Theoretiker der 68er, die ihr Denken an Adornos Metaphysik der Verzweiflung über Auschwitz geschult hatten, die jene jetzt entweder mythisch zu überbieten suchten oder aber ihren Impuls zu einer Erneuerung der Aufklärung im Schatten des Holocaust aufgriffen. Adorno hatte die Katastrophe von Auschwitz als Konsequenz der Dialektik der Aufklärung beschrieben. Diese galt es nun neu zu interpretieren. Bei ihm wollte man vereinfachend nachlesen, dass die Befreiung von Mythos und Natur durch Rationalisierung immer auch schon eine Wiederholung des mythischen Zwanges einleiten sollte. Während der neue Pessimismus in dieser Grundfigur eine Formel für das deutsche Geschichtsverhängnis herauslas, bemühte sich eine kritische Lesart um das aufklärerische Potenzial dieser Dialektik.

Vernunft entwindet sich der Gewalt des Mythos, nur um selber wieder Mythos und Gewalt zu begründen. Dieser schicksalhaften Lesart von Adornos Dialektik der Geschichte musste Auschwitz wie das eigentliche Telos der Rationalisierungsgeschichte und jede praktische Aufklärung als Komplizin dieser Dialektik erscheinen. Dass das Subjekt damit gefesselt war und nur in der Kunst, zumal in der radikalen Avantgarde, ihre bestimmten Negationen des »Ganzen als des Unwahren« erzeugen konnte, das mochte nach dem Scheitern der messianischen Revolte einleuchten. Weil das Subjekt Adornos Aufklärung und Freiheit wollte, aber reale Unfreiheit und Gewalt stiftete, verwandelte es sich unter der Hand in ein interessantes Doppelwesen: Es war sowohl Täter als auch Opfer der Geschichte. Damit erschien es jetzt den Studenten wie der präzise Ausdruck ihrer Erfahrungen mit der eigenen politischen Katastrophe. Ausgezogen, um die Bedingungen, die Auschwitz ermöglicht hatten, zu überwinden, dachten und fanden sich die Täter der Geschichte wieder als Opfer, vom »faschistischen Staat« besiegt. Der unmittelbare Effekt dieser *supersessio* bestand darin, dass die realen Opfer von Auschwitz vergessen werden konnten. *Unser Auschwitz* lautete der Titel eines Essays, den

Martin Walser unter dem Eindruck des großen Auschwitzprozesses in Frankfurt publiziert hatte. Tatsächlich indizierte der Titel eine Tendenz, die sich erst nach der Niederlage von ’68 langsam durchzusetzen begann: Auschwitz »gehörte« mittlerweile den deutschen Söhnen der Revolte, die jetzt ihren eigenen intimen Umgang mit der Geschichtskatastrophe pflegten.

Es nahm so nicht Wunder, dass ein Teil der späteren Adepten Adornos jetzt vor allem die Figur des Opfers aufgriffen. Es galt, neue postmessianische politische Theologien zu entwickeln, deren verborgener Sinn darin bestand, Strategien zur Befreiung für dieses deutsche Opfer zu ersinnen. Botho Strauß war zum Beispiel so entsetzt über die rechtsradikalen Jugendlichen, die nach der Wiedervereinigung 1989 in Deutschland auftauchten und Flüchtlingsunterkünfte in Brand steckten, dass er eine regelrechte Mythologie der Gewalt konstruierte. So wie einst die linksradikale 68er-Generation ihre nationalsozialistischen Väter und Mütter mit revolutionärer Gewalt entthronen wollten, so wurde diese von den wieder rechtsradikalen Enkelkindern der alten Nazis gegen die leninistischen Eltern gewendet. In dieser Generationenabfolge musste jede Befreiung als neuer politischer Mythos erscheinen. Die deutsche Geschichte geriet in Botho Strauß’ implizit schicksalhafter Version der *Dialektik der Aufklärung* zur tragischen Abfolge von Schuld und Sühne. Durch die Überschuld von Auschwitz ausgelöst, ließ sie keine andere Aufklärung mehr zu als ebendie einer mythischen Tragödie der deutschen Geschichte: »Die Verbrechen der Nazis stehen zuletzt außerhalb der Ordnung des Politischen. Sie können nicht erinnert werden. Sie stellen den Deutschen in die Anwesenheit der Untat, in die Erschütterung, als sei sie gerade geschehen.« Strauß meinte, diese Schuld sei schlechthin überdimensional und durch keine vernünftige Handlung zu erklären oder wegzuerklären. Deshalb sei der Aufstand der 68er ein vergeblicher Versuch gewesen, sich von dieser mythischen Gewalt zu befreien – er habe in Wahrheit nur neue Gewalt hervorgebracht. Doch die neue Gewalt der rechtsradikalen Nachfolgegeneration stehe nun erst recht unter dem Zeichen, sich der mythischen Macht der Geschichte dadurch entziehen zu wollen, dass sie deren archaische Gewalt einfach reproduziert. Indem Strauß die deutsche Geschichte nach dem Schema der dreiteiligen Tragödie *Orestie* von Aischylos konstruierte und so die *Dialektik der Aufklärung* noch einmal ins Mythische überspitzte, übersah er das aufklärerische Potenzial sowohl der *Orestie* als auch der *Dialektik der Aufklärung:* Denn wie immer pessimistisch, waren doch beide aus der Perspektive der möglichen Überwindung der mythischen Logik von Gewalt und Rache konzipiert, die Strauß verzweifelt verwarf. Die einzige Möglichkeit der Aufklärung bestand für ihn darin, sich der mythischen und tragischen Dimension der Geschichte bewusst zu werden und zu erkennen, dass ebendiese Dimension durch alle Rationalisierungsversuche und gewaltsamen Reflexe immer wieder verdeckt wird. Aufklärung selbst war tragisch, weil sie glaubt, Mythos und Tragödie durch ihren Logos beseitigen zu können. Aufklärung als Tragödie par excellence – damit stieß Strauß auf ihren ideologischen Grund bei Nietzsche. Er wollte mithin die *Dialektik der Aufklärung* Adornos mit Nietzsches *Geburt der Tragödie* überbieten: Gegen die Idee, dass alle Aufklärung sich in Mythos, der Wunsch nach Freiheit sich in Herrschaft verwandelt hat, setzte Strauß nun auf die explizite Wiedergeburt des tragischen Mythos. Mit Nietzsches ästhetischer Wissenschaft gedachte er Adornos negative Ästhetik endgültig zu überwinden: Gegen dessen Empfehlung, die kapitalistische Herrschaft mit den Mitteln der negativen Kunst zu entlarven, setzte er auf den heroischen Dichter, der alle Rationalität und Ordnung als »apollinische Illusion« demaskiert. Mit Nietzsche, Heidegger und Rudolf Borchardt nahm der selbst ernannte Dramaturg des Tragischen den Augenblick in Regie, mit dem der Durchbruch zu einer politisch-theologischen Initiation der konservativen Art eingeleitet werden konnte:

»Es handelt sich um einen anderen Akt der Auflehnung: gegen die Totalherrschaft der Gegenwart, die im Individuum jede Anwesenheit von unaufgeklärter Vergangenheit, von geschichtlichem Gewordensein, von mythischer Zeit rauben und sie ausmerzen will. Anders als die linke, Heilsgeschichte parodierende Phantasie malt sich die rechte kein künftiges Weltreich aus, bedarf keiner Utopie, sondern sucht den Anschluß an die lange Zeit, die unbewegte, und ist ihrem Wesen nach Tiefenerinnerung und insofern eine religiöse und protopolitische Initiation.«

Liest man diese Zeilen genau, zeigt sich, dass Strauß mit dieser vagen Idee einer ästhetischen Neubegründung politisch-kultureller Existenz nicht nur die Eschatologie von links überwinden wollte, sondern sie vielmehr in einer Art »Supereschatologie« noch einmal überbot. Das Ästhetische wurde bei ihm zum Medium einer revolutionären Ideologie von rechts, die den Dichter als den Souverän der Ausnahme feierte, der die Kultur der Aufklärung und vor allem die der 68er-Revolte suspendierte.

Die Erschütterung über Auschwitz hat diese Reflexionen mithin in die mythische Region zurückgeführt, von der aus Kultur und Aufklärung nur noch als bürgerliches Spektakel abgetan werden. Nur der Künstler als einsamer

Heroe vermag die mit Blindheit geschlagenen Massen ihrem Heil zuzuführen, das nun darin zu bestehen schien, dass es sich vom Unheil nicht erschüttern ließ. Bei Strauß schlug die Verzweiflung über die deutsche Schuld in eine totale Geschichtsgnosis um, eine Mytho-Theologie von der heillosen Welt und ihrem bösen Weltengott, dem vernünftigen Subjekt. Diese Geschichtsgnosis war eine der letzten möglichen Konsequenzen des gescheiterten messianischen Aktivismus und seiner langsamen Transformation in eine ästhetische Theorie von der vorerst ausstehenden Erlösung. Sie erlag dem eigenen Gestus der Verzweiflung vollends, wenn sie zuletzt eine mythische Neuauflage antimoderner Unheilslehren entwarf. So sehr war der Deutsche immer schon tragisches Opfer der Geschichte, dass die wirklichen jüdischen Opfer – trotz und wegen des Erschütterungspathos über Auschwitz – nicht mehr vorkamen. Sosehr Strauß an der Schuld von Auschwitz verzweifeln mochte: Was er als mythische Rückkehr empfahl, ähnelte der Wiederkehr derjenigen Ideologie, die das Ganze möglich gemacht hatte, was er nun ganz im Geiste Nietzsches als ewige Wiederkehr postulierte.

Ihren metaphysischen Höhepunkt erreichte die neue Geschichtsgnosis als Vorlage für einen neuen Heroismus bei dem Philosophen und Satiriker Peter Sloterdijk. Als er noch die politische Mentalität der gescheiterten 68er auf ihren satirischen Begriff zu bringen gedachte, erwies sich seine *Kritik der zynischen Vernunft* von 1983 als geschickter Versuch, die Idee der Befreiung von ihren messianischen Orientierungen zu befreien und auf die Spuren des souveränen Willens zur Macht umzuleiten. Dieser Vordenker des Zynismus und der philosophischen Satire setzte zu einem Riesensprung aus der bisherigen Geschichte an, die nicht nur mit dem Messianismus seiner Generation brach, sondern vor allem deren postmessianische Mentalität der Melancholie und des Selbstmitleids in eine »fröhliche Wissenschaft« der radikalen Selbstbefreiung umpolen wollte.

Sloterdijk verstand sich als Sprachrohr derer, die nach dem Krieg direkt in den Abgrund der deutschen Vergangenheit hineingeboren waren; und er stilisierte sie als die wahren Opfer, denen nichts anderes übrig blieb, als sich wie der Baron von Münchhausen selbst aus dem Sumpf dieser Geschichte herauszuziehen. Mit Nietzsche erfand sich dieser Münchhausen nunmehr seine ganz individuelle Rettungsgeschichte.

»Seit der Auflösung der Studentenbewegung erleben wir eine Flaute der Theorie. [...] Der Optimismus von ›damals‹, es ließen sich Lebensinteressen mitgesellschaftstheoretischen Anstrengungen vermitteln, ist weitgehend abgestorben. [...] Für das aufklärerische Lager dreht sich nach dem Debakel des ›linken‹ Aktionismus, des Terrors und seiner Multiplikation im Antiterror, die Welt im Kreis. Es hatte Trauerarbeit über deutsche Geschichte für alle ermöglichen wollen und endete in eigener Melancholie.«

Melancholie, Frustration und Unbehagen an der Demokratie waren in Sloterdijks Analyse nur das Vorspiel zu einem Zynismus, der darauf wartete, Positionen in Politik und Universität zu besetzen, ohne die revolutionäre Rhetorik aufzugeben. Aber Sloterdijk konnte weder die Zyniker noch die Melancholiker unter diesen 68ern leiden. An Adornos ästhetischer Theorie diagnostizierte er zwar eine besondere Sensibilität, aber zugleich denunzierte er diese als schwelende Krankheit hinter den Symptomen der postmessianischen Mentalität:

»Politisch und nervlich gründet die ästhetische, die empfindliche Theorie [Adornos] in einer aus Leid, Verachtung und Wut gemischten Vorwurfshaltung gegen alles, was *Macht* hat. Sie stilisiert sich zum Spiegel des Weltbösen, der bürgerlichen Kälte, des Prinzips Herrschaft«.

Alle Geschichtsverzweiflung, die ganze neue gnostische Weltsicht, die in Auschwitz das Wesen wenn nicht der Weltgeschichte, so doch der deutschen Geschichte erkannte, war in dem Affekt gegen das Prinzip der Macht begründet, die in ihrer von Adorno konzipierten Utopie von Herrschaftslosigkeit und »Weiblichkeit« nur in ein vollkommen illusionäres Jenseits flüchtete. Der Aufstand der Studentinnen, die in der Vorlesung vor ihrem Meister ihre Brüste entblößten, brachte die Konfrontation zwischen Adornos Utopie des Weiblichen als der »schönen Fremden« und ihrem Willen zur weiblichen Macht auf ihren drastisch-komischen Begriff: »Hier stand das nackte Fleisch, das Kritik übte – dort der bitter enttäuschte Mann, ohne den kaum einer der Anwesenden erfahren hätte, was Kritik bedeutet – Zynismus in Aktion.« Sloterdijks Strategie der Aufklärung über die Aufklärung verstand sich im Gegenzug zur Melancholie als satirische Erinnerung an die Etymologie ihres Begriffs: Aufklärung als meteorologische Metapher der »Aufheiterung«. Mit dieser wollte Sloterdijk den Weg frei machen zu einer Kritik der Machtkritik, die mit Heinrich Heine, Ludwig Börne und vor allem Friedrich Nietzsche die Befreiung von Melancholie und Ressentiment der 68er in Angriff nehmen wollte. Sloterdijk gelangte damit zu einer neuen Vitalität als Grund ihres vorkritischen Seins. Er entwickelte einen Existenzialismus im Stile Heideggers, dessen Existenzial der Geworfenheit er durch die Idee der Geburt noch überbot. Sloterdijk sprach sogar mit sokratisch mäeutischem Pathos von der Notwendigkeit einer »Entbindung«, von der er sich eine retroaktive souveräne Selbstübernahme des Subjekts versprach, das sich so von den historischen Bedingungen seiner Geschichte befreien konnte. Von der unerreichbaren Utopie zum Mysterium der Geburt, von der messianischen Zukunft zurück in die Urgründe der Gebärmutter – das war ein Salto mortale in eine Anthropologie von Geburt, Entbindung und Selbstentbindung, der ihn zu den Heldentaten des einsamen Heroen und neuen Übermenschen führte, der sich dieser fremden und bedrohlichen Welt entgegenstellte. Gegen die melancholische Weltfremdheit der 68er predigte er den heroischen Selbstentwurf des Subjekts, das sich über jene erhob, indem es sie lächerlich machte. Die 68er, das waren jetzt die mit Ressentiments beladenen »Anlehnungsbedürftigen und die Süchtigen, die Lenkbaren und die Gereizten, die Abwartenden und die Verweigerer, die Aufgebrachten und die Mißgelaunten, die Erlösungshungrigen und die Träumer«, von denen sich das machtvolle Subjekt der souveränen Entscheidung abhob.

»Der Held ist der Mann, der aus dem Meer der Verzweiflung ans Land geht. In ihm beginnt das Abenteuer der Zivilisation als Kolonisierung des ichhaften Festlands – das Wohnen und Thronen auf neuem Kontinent: Eigenmacht, Können, Wollen, Wissen. Darum sind die Helden die psychologischen Pioniere der Kultur; sie roden den Dschungel der Ohnmacht und der Konfusion.«

Kaum konnte die geschichtslose Archaik dieser anthropologischen Rhapsodie darüber hinwegtäuschen, dass Sloterdijk eigentlich das Drama der deutschen Nachgeborenen umschreiben wollte, die sich als Opfer des hinterlassenen Zivilisationsbruchs fühlten. Mit Sloterdijk ist der junge deutsche Sohn vollends in die Rolle des Geschichtsopfers gerückt, das die Geduld für die messianischen Spiele seiner Kommilitonen verloren hat. Aber diese Opferrolle ist nur imaginiert, um ihn durch eine sogenannte enthusiastische Anthropologie zu beglücken. Sloterdijk forderte von seinem Helden, der die Bedingungen seiner Geburt annullierte, dass er »sich im Hinblick auf die nobelsten Exemplare der menschlichen Gattung selbst zu übertreffen« hätte. Der Anthropologe müsste sich in seiner Fähigkeit »Menschen zu beschreiben, soweit steigern«, dass er »von den heroischen und den prophetischen Subjekten sprechen« konnte, »ohne die Perspektive des Kammerdieners oder des Republikaners einzunehmen«. Immer wieder machte Sloterdijk Anleihen bei der Gegenaufklärung, wie er hier, freilich mit Hegels berühmtem Diktum, seine Verachtung für den Republikaner offen aussprach und die modernen Demokraten und Aufklärer aburteilte, vor allem wieder in Gestalt der kläglichen 68er. Den neuen Kämpfern, so schrieb er, durfte es niemals gelingen, »nur Hörer des Worts zu bleiben«, sie mussten »seine Täter« werden. In dieser Kehrtwendung zu Nietzsche und zum souveränen Existenzialismus widerrief Sloterdijk seine Zugehörigkeit zu den 68ern, mit denen er einst ausgezogen war, die Welt zu befreien. Er übernahm unter der Hand deren messianische Energie und den Traum von einer alternativen Sohnschaft, wenn er jetzt diesen Sohn zum Opfer werden ließ, um sich dann auch ganz allein selbst heroisch »zu entbinden«. Damit ließ er Auschwitz und die Juden aus dem Blickfeld verschwinden und hatte an ihre Stelle das Grauen der deutschen Geschichte gerückt, unter dem der nachgeborene Deutsche leide. Als das wahre Opfer, das in dieser Geschichte sich wie Odysseus gefesselt fühlte, erfand Sloterdijk den alt-neuen deutschen

Helden, der sich selbst und seine Bedingungen *ex nihilo* konstruierte und Auschwitz, wie nebenbei, vergessen wollte.

Vom messianischen Aktivismus über die ästhetische Verinnerlichung der messianischen Idee zur Gnosis der Verzweiflung – die Studentenbewegung gelangte mit Sloterdijk an ihren mythischen Ausgangspunkt der heroischen Dezision zurück. Wo die Anhänger des Messianismus ein ideales Selbst der Sohnschaft aus ihrer Filiation mit den jüdischen Erzvätern der neomarxistischen Ideologie ableiteten und dann schmerzhaft zu ihren realen Vätern zurückfinden mussten, da zog Sloterdijk die letzte Konsequenz aus dieser Wende zum deutschen Opfer: Nicht der imaginierte Revolutionär wurde zum jüdischen Opfer, sondern das deutsche Opfer durfte jetzt wieder zum deutschen Revolutionär der souveränen Entscheidung werden. Sloterdijk brachte das Vater-Sohn-Drama auf seinen schärfsten ödipalen Begriff, wenn er seinen deutschen Helden von seiner Vorgeschichte und Sohnschaft sowohl der jüdischen wie der deutschen Väter »entband«.

Unter der Oberfläche der verschiedenen messianischen und dezisionistischen Dramaturgien und Aktionen der 68er hatte sich indessen schon während der eigentlichen Studentenbewegung eine ganz unaufgeregte Annäherung an die real existierende deutsche Demokratie vollzogen, die sich in der Hinwendung zur sozialdemokratischen Partei Willy Brandts, in den verschiedenen Bürgerinitiativen gegen die Atomkraft und vor allem in der ökologischen Bewegung der Grünen widerspiegeln sollte. In diesen Tendenzen zeichnete sich die Möglichkeit ab, dass der rebellische Anstoß der 68er für eine kritische, aber reale Politik produktiv wurde. Es war die Zeit, als die außerparlamentarische und außerakademische Opposition langsam, aber bestimmt ihren Weg zurück zu Parlament und Universität finden sollte. Es war vor allem Jürgen Habermas, der, selber der Kritischen Theorie Adornos und Marcuses verpflichtet, den akribischen Versuch unternahm, sie durch seine *Theorie des kommunikativen Handelns* und der rationalen Kommunikation für die real existierende Demokratie fruchtbar zu machen. Er hatte damit die komplexen Pathologien des Messianismus, der Mystifizierung und mythischen Dramatisierung durch seine radikal rationalistischen Interventionen gleichsam zu »dekonstruieren« versucht.

Drei Einsichten scheinen bei dieser Rückführung der kritischen Energie der Studenten zu einer realen demokratischen Praxis eine wichtige Rolle gespielt zu haben: Erstens die Einsicht in den Zusammenhang zwischen demokratischer Praxis und Vergangenheitsbewältigung, zweitens die Frage nach dem spezifischen Umgang mit der Schuld, zumal der Nachgeborenen, und schließlich drittens die Bedeutung einer postmetaphysischen, existenziell-politischen Identität.

Habermas hatte den Zusammenhang zwischen Zukunft und Vergangenheit im messianischen Aktivismus scharf erkannt. Der Aktivismus der totalen Veränderung aller Verhältnisse sollte im Grunde die deutsche Vergangenheit »entsorgen«. Auf dem Hintergrund dieser Einsicht ging es Habermas vor allem um die Konstruktion eines neuen »korrelativen« Verhältnisses von Vergangenheit und Zukunft, das heißt um eine Balance zwischen der Erweiterung politischer Handlungsmöglichkeiten innerhalb des demokratischen Staates und der Auseinandersetzung mit Auschwitz. Habermas behauptete einen unauflösbaren Zusammenhang zwischen der durch die rechtsstaatliche Verfassung je von Neuem zu begründenden Freiheit der Bürger und der Verantwortung für deren totale Verletzung in der deutschen Vergangenheit. Indem er so die universale Gültigkeit der Freiheitsidee gleichsam retrospektiv erweiterte, knüpfte er die aktiven Möglichkeiten demokratischer Politik an eine Ethik der Erinnerung, die aus dem Zivilisationsbruch eine doppelte Lehre zog: die unbedingt notwendigen Bedingungen für die Einhaltung der Menschenrechte zu erhalten und die Verantwortung für die deutschen Verbrechen sowie für das Gedächtnis an die Opfer zu übernehmen. Diese korrelative Balance zwischen Vergangenheit und Zukunft wollte er durch öffentliche Diskussionen wie den berühmten Historikerstreit jeweils neu in Erinnerung bringen und vertiefen. Obwohl Habermas sich selbst zur Kritischen Theorie und zu den demokratischen Formen des Protestes bekannte, zeigte er eine überraschende Affinität zwischen radikalen Aktivisten der Linken und neokonservativen deutschen Historikern: Wo die linke Avantgarde mit Kapitalismuskritik und Revolutionsidee »den Faschismus« und damit Auschwitz einfach »abschaffen« wollte, verschließe sie sich den Möglichkeiten des demokratischen Staates. Wo die neue Rechte, zumal ihr selbst ernannter Historiker Ernst Nolte, den Versuch unternahm, Auschwitz mit dem sowjetischen Gulag aufzurechnen, mache sich ein neuer Nationalismus geltend, der in die alten antidemokratischen Denktraditionen zurückfalle.

»Aufklärung ist ein Unternehmen auf Gegenseitigkeit. Aber die in der breiten Öffentlichkeit vorgeführten Aufrechnungen von Nolte dienen nicht der Aufklärung. Sie berühren die politische Moral eines Gemeinwesens, das – nach einer Befreiung durch alliierte Truppen ohne eigenes Zutun – im Geiste des okzidentalen Verständnisses von Freiheit, Verantwortlichkeit und Selbstbestimmung errichtet worden ist.«

Habermas kritisierte sowohl die fortbestehenden Mythologien »gegenaufklärerischer, antisemitischer, falsch romantischer, deutschtümelnder Obskurantisten« als auch den Linksfaschismus der »jungen Aktivisten«, die sich als den »verlängerten Arm Che Guevaras in den Metropolen« sahen und mit ihrer »totalisierenden Sichtweise« die Möglichkeiten demokratischer Politik verwarfen. Adornos, Nietzsches und Heideggers Metaphysik waren ihm Symptome für eine totalisierende Politik, die doch durch die positive Tendenz der 68er, nämlich »den neuen Individualismus der Lebensstile«, radikal infrage gestellt worden war. Habermas wollte ebendiesen radikalen Individualismus, der ganz neue Formen »autonomer Öffentlichkeit« geschaffen und auch eine individuelle Auseinandersetzung mit Auschwitz in die Wege geleitet hatte, als eigentliche Errungenschaft der 68er aufgreifen und für seine Idee einer neuen korrelativen Beziehung von politischer Praxis und Erinnerung geltend machen. Er formulierte eine Art Solidaritätsformel, die diese Korrelation erläutert:

»Je weniger Gemeinsamkeit ein kollektiver Lebenszusammenhang im Innern gewährt hat, je mehr er sich nach außen durch Usurpation und Zerstörung fremden Lebens erhalten hat, um so größer ist die Versöhnungslast, die der Trauerarbeit und der selbstkritischen Prüfung der nachfolgenden Generationen auferlegt ist?«

Mit dieser Solidaritätsformel rührte Habermas allerdings an das zentrale, von der Studentenbewegung weitgehend ausgeklammerte Problem der Schuld, zumal der Schuld der Nachgeborenen. Der Versuch, die Vergangenheit durch eine messianische Zukunft zu entsorgen, wollte unter anderem die Schuld der Väter abwälzen und sich auf die Seite der jüdischen Opfer schlagen. Ihm folgte die Rückkehr der biologischen Väter in das studentische Bewusstsein und damit die Einsicht in die fortwährende Präsenz von Auschwitz, die aber zu einem radikalen Geschichtspessimismus führte, der nur noch das Desaster der Vergangenheit »ohne jegliche Zukunft« wahrnahm, ja den deutschen Sohn nun selber in die Rolle des Opfers einsetzte. Die Ausbalancierung zwischen Praxis und Erinnerung setzte also eine Klärung der Schuldfrage voraus, womit dann erst eine richtige Proportionalität zwischen Vergangenheit und Zukunft und damit die Dynamik der Solidaritätsformel erschlossen werden konnte.

Habermas knüpfte an Überlegungen von Karl Jaspers an, wenn er zwischen »persönlicher Schuld« der Täter und »kollektiver Haltung« derer unterschied, die es unterlassen hatten, etwas zu tun. Für die Generation der Nachgeborenen traf diese Unterscheidung nicht mehr zu, man konnte ihnen Verbrechen und unterlassenes Handeln nicht zur Last legen. Aber gerade weil sie keine Schuld traf, war ein neuer Schritt nötig gegen jede mythologische oder tragische Auffassung von einem Geschichtsverhängnis, das nur ästhetisch, kathartisch wahrgenommen oder schlechtweg verdrängt werden musste. Habermas erinnerte an den an sich selbstverständlichen Tatbestand, dass das Gute und das Böse nicht wie im Mythos von den Vätern auf ihre Söhne weitervererbt werden, sondern dass jeder Einzelne ganz individuell für seine eigenen Taten verantwortlich war. Ein solches persönlich-individuelles Schuldverständnis bedeutete nun aber keine Entlastung von der deutschen Vergangenheit, sondern implizierte eine spezifische Verantwortlichkeit der schuldfrei Nachgeborenen. Deren Leben war nämlich »[m]it jenem Lebenszusammenhang, in dem Auschwitz möglich war […], innerlich verknüpft.« Zu diesem

Lebenszusammenhang gehörten nicht nur die Taten und Unterlassungen der Eltern, sondern auch jene deutschen Denktraditionen, die zum Zivilisationsbruch geführt hatten. Deshalb kam den Nachgeborenen nicht nur die Verantwortung zu, über diese Traditionen aufzuklären, sondern vor allem jene, das »anamnetische Recht« der Toten und Opfer einzulösen. Die in den Lagern ermordeten Menschen hätten nämlich

»erst recht einen Anspruch auf die schwache anamnetische Kraft einer Solidarität, die Nachgeborene nur noch im Medium der immer wieder erneuerten, oft verzweifelten, jedenfalls umtreibenden Erinnerung üben können.«

Erst diese Aufklärungen konnten den Nebel der eschatologischen und mythologischen Verklärungen der 68er auflösen. Erst die klare Sichtung der Verhältnisse von Tat, Schuld und Verantwortung gestattete es, Pathologien und Phantasmagorien der verschiedenen imaginären Identitäten zu heilen, in denen sich die durch die Taten der Väter emotional traumatisierten 68er verrannt und verirrt hatten. Und erst die klare Einsicht in die Schuldverhältnisse konnte – vielleicht zum ersten Mal in der (Nach-)Geschichte der 68er – den Blick frei machen für das Leiden der wirklichen Opfer und für die Überlebenden von Auschwitz.

Mit diesen Überlegungen bestätigte Habermas den Zusammenhang zwischen politischer Theologie und politischer Psychologie der 68er in Gestalt der Vater-Sohn-Beziehung, der hier rekonstruiert wurde. Dieses Vaterproblem war ein Kern für die Frage nach der Schuld und damit zuletzt für eine postmetaphysische existenzielle und politische Identität der nachgeborenen Deutschen. Messianischer Aktivismus der radikalen Linken und

Sehnsucht nach intakten metaphysischen Traditionen der Rechten waren gleichsam die beiden rationalen Reflexe, die auf die komplexen Ambivalenzen der Vaterbeziehung reagierten. »Es ist um so verständlicher, je weiter die Extreme auseinandergehen«, schreibt Habermas, «beispielsweise die erfahrungsgesättigten, positiven Eindrücke vom eigenen Vater […] und die problematisierenden Kenntnisse, die uns abstrakte Berichte über […] Verwicklungen dieser nahestehenden Personen vermitteln.« Obwohl die Schuld der Väter sich nicht auf die Söhne übertrug, erzeugte sie doch die Versuchung, sich der eigenen Familiengeschichte zu entziehen und in einer alternativen, eschatologischen oder metaphysischen Identität Zuflucht zu suchen. Totalitäre Politik, Geschichts- und Identitätsflucht wurden hier in ihrem inneren Zusammenhang aufgedeckt, um den 68ern einen Weg zurück in die real existierende Demokratie zu weisen. Um den Zusammenhang von metaphysischer Verirrung, Geschichts- und Selbstflucht näher zu bestimmen, erinnerte Habermas gelegentlich an Kierkegaards Überlegungen zur ästhetischen Existenz. Kierkegaard porträtierte die ästhetische Existenzform als eine fundamentale Sehnsucht, sich durch Imagination von den realen Bedingungen des eigenen Ichs zu emanzipieren und sich selbst als absolut freies Subjekt zu setzen, das die Bedingungen seines Seins jederzeit neu definieren könne. Wo das Ich absolute Freiheit meinte, befindet es sich aber in Wahrheit nur auf der Flucht vor seinem endlichen Ich. Es ist deswegen zutiefst verzweifelt, behauptet Kierkegaard. Es könne nur geheilt werden, wenn es seinen Anspruch auf Absolutheit, den es in Metaphysik oder Ästhetik kleidet, aufgibt und die schon gelebte Vorgeschichte als Teil der Endlichkeit dieses Selbst akzeptiert. Eine solche Annahme der eigenen Geschichte kann angesichts der mit dieser einhergehenden Verfehlungen stets nur in Reue geschehen. Das Ja zu sich selbst und zur eigenen Geschichte setzt für Kierkegaard voraus, dass die Existenz nun nicht mehr das Absolute in und durch sich realisieren will – der eigentliche Grund der Verzweiflung –, sondern stattdessen das Absolute als und in Gott anerkennt. Wenn Habermas diese existenzielle Problematik des Ichs aufgriff, dessen Wesen darin besteht, dass es nicht es selbst sein will, so überging er freilich deren theologische Dimension. Es ging ihm um eine etwas »profanere Lesart«, nämlich um den Versuch, dieses sich auf sich selbst besinnende autonome Ich gesellschaftlich zu stabilisieren. Er brachte damit den theologischen Diskurs in den Kontext der Frage nach dem angemessenen Umgang des Einzelnen mit der deutschen Geschichte. »Wie müßten Gruppenidentitäten beschaffen sein, die den unwahrscheinlichen und gefährdeten Typus der von Kierkegaard entworfenen Ich-Identität ergänzen und stabilisieren könnten?« fragte Habermas. Und er stellte die These auf, dass eine ausgebildete Individualität sich nur im Rahmen einer verfassungsrechtlich gestützten Zivilgesellschaft angemessen entfalten könne. Ziel und Sinn einer solchen Gesellschaft liege darin, »die Bedingungen des Zusammenlebens und der Kommunikation zwischen verschiedenen, gleichberechtigt koexistierenden Lebensformen – im Innern wie nach außen« zu garantieren. Diese Diskursentführung mag angestrengt erscheinen. Doch sie verwies auf das Potenzial einer solchen Idee für die Stabilisierung individueller Existenz gegen jeden Versuch einer nationalen, patriotischen oder ethnischen Vereinnahmung und damit wieder auf die Notwendigkeit, für die politische Geschichte Verantwortung zu übernehmen. Und sie war eine Umformulierung dessen, was Habermas als den eigentlichen Gewinn der 68er-Bewegung immer schon behauptet hatte, nämlich des durch ihren Individualismus der Lebensstile bewirkten Fundamentalschubs einer postmetaphysischen Liberalisierung.

Von der Identitätsflucht zur Dogmatisierung der Erfahrung: Der heilige Benjamin

Habermas' Analysen bestätigten also den hier für die Studentenbewegung behaupteten Zusammenhang zwischen politischer Theologie und politischer Psychologie, wenn sie ihn auf das Problem deutscher Identität zurückwendeten. In ihrem Kern erkannten sie das durch die sozialen Mächte geschwächte Ich, das entweder jenen Mächten nachgab, sich selbst aufgab oder in imaginäre Selbstbilder auswich, um die Schwäche dieses Ichs zu kompensieren. Wenn Habermas in mancher Hinsicht die Rückkehr der 68er in die politische Realität begleitet und mit geprägt hat, indem er die kritische Individualität wieder in das Koordinatensystem von Vergangenheit und Zukunft einschrieb, so musste diese Entmythologisierung noch einmal mythisch eingekleidet werden, um den postmessianischen Bedürfnissen der 68er nach Selbstidentifikation zu entsprechen und entgegenzukommen. Begannen sich Identitätsflucht und Identitätsspiel nun von der öffentlichen Bühne der Geistesgeschichte in eine Geistergeschichte zurückzuziehen, setzte doch jetzt zugleich ein Prozess der Normalisierung ehemaliger 68er ein. Mit ihrer Rückkehr in die politische Realität entdeckten sie die Möglichkeiten der parlamentarischen Demokratie, doch gab es bei vielen das Bedürfnis, ihre Erfahrungen in einer neuen Ikone zusammenzufassen. In dieser spukhaften Geistergeschichte konnte man radikale Maoisten finden, wie den ehemaligen Ideologen der RAF, Horst Mahler, oder den von den Ereignissen auf Kuba inspirierten Revolutionär Günter Maschke, die, zumal nach der Vereinigung Deutschlands von 1989, tatsächlich Konversionen in Richtung deutsch-national, rechtsradikal und ultimativ auch nationalsozialistisch vollzogen. Auch geisterten hier kritisch inspirierte Protestanten herum, die in einer Art Superidentifikation mit allem Jüdischen nun begannen, ihre deutsche Geschichte durch einen Salto mortale ins Judentum zu entsorgen. Aber auch Alt-Gnostiker sollten sich einfinden, die ihre metaphysische Verzweiflung jetzt kompensierten, indem sie in Auschwitz geradezu »[d]as Lager als biopolitisches Paradigma der Moderne« erkennen wollten. Reale Geschichte als Lager also? Vor dieser Landschaft der letzten Partisanen der Identitätsflucht und des Widerstands, die nicht gemerkt hatten, dass der Krieg vorbei war, spielte sich aber auch die letzte große Metamorphose der Bewegung in Richtung Normalisierung ab. Sie brauchte gleichsam noch eine Kodifikation der 68er-Erfahrung durch einen letzten jüdischen Heiligen: Walter Benjamin. Habermas' nüchterne Überlegungen konnten sich erst durchsetzen, nachdem ihnen eine letzte mystifizierende Form umgelegt wurde. Die Entmythologisierung der Revolte bedurfte noch einer letzten Kompensation.

Benjamins theoretisch-praktische Unentschiedenheit zwischen Messianismus und Politik, Mystik und Säkularisation, Revolution und Askese erschien den Spät-68ern wie ein perfekter Gesichtsabdruck ihrer eigenen mentalen Physiologie. Zugleich vermochte er die fehlenden Unterscheidungen von Tätern und Opfern, Deutschen und Juden nachzuliefern, die in den Phantasmagorien der 68er bisher weitestgehend fehlten. Das Denken des Stillstands, das Benjamin in seinem Buch über das deutsche Trauerspiel in der Figur des ewigen Zweiflers und Zögerers Hamlet so kongenial zusammengefasst hatte, konnte man als Gegenfigur zum neuen tragischen Heroismus von Botho Strauß und Peter Sloterdijk lesen; und es entsprach der neuen Bewusstseinslage, der revolutionären Dezision zu entsagen, zugleich aber revolutionäre Rhetorik beizubehalten, ohne dabei zynisch zu werden. Benjamins Ästhetik der Melancholie kam der postmessianischen Gesinnung der Epoche gelegen und ermöglichte es, die Revolution dorthin zurückzuverlegen, wo sie ausgebrochen war: in den Seminarsaal.

Bezeichnenderweise am Beispiel des barocken Fürsten im deutschen Trauerspiel – und somit an die Gattung der Tragödie angelehnt – hatte Benjamin das Versagen vorgeführt, das mit jeder Dezision, vollzogen durch das souveräne Subjekt der Geschichte, einhergeht: »Der Fürst, bei dem die Entscheidung über den Ausnahmezustand ruht, erweist in der erstbesten Situation, daß ein Entschluß ihm fast unmöglich ist«, konnte man dort nachlesen. Im fortbestehenden Naturzustand der Geschichte, dem Zyklus von Herrschaft und Revolution, kann nach Benjamins Deutung jede politische Dezision diesen Zyklus nur wiederholen. Keine Kontinuität vermochte von dieser naturhaften Geschichte in das Reich Gottes zu führen, auch wenn man bei Benjamin mit seinem Talent zu mysteriösen Widersprüchen auch nachlesen konnte, »daß der ›Ausnahmezustand‹, in dem wir [das sind die Unterdrückten] leben«, zwar die Regel sei. Doch der »wirkliche Ausnahmezustand«, so heißt es weiter, könne in Wahrheit nur vom Messias herbeigeführt werden. Dieser vermöge es, tatsächlich in jedem Augenblick in die Geschichte einzubrechen, weshalb sich der Revolutionär keineswegs revolutionär vorbereiten könne. Ja, dieser Messias, so heißt es in den berühmten Eingangszeilen von Benjamins *Theologisch-politischem Fragment*, »vollendet alles historische Geschehen«, indem er »dessen Beziehung auf das Messianische selbst erst erlöst, vollendet, schafft.«

Wie dunkel und unverständlich auch immer: Mit solchen Rätseln konnte sich das revolutionäre Bewusstsein in die ästhetische und philologische Spekulation zurückziehen, ohne sich zu blamieren. Wie der Messias Benjamins die Geschichte von allen messianischen Projektionen und Aktionen erlösen sollte, so bestand dessen Bedeutung für viele melancholische Ehemalige in der Möglichkeit, »durch ihn, mit ihm und in ihm« ein revolutionäres *depositum fidei* zu formulieren. Ja, er wurde zu einer Art Messias, der ehemalige Studenten, längst Professoren und Politiker geworden, von ihren messianischen Phantasmagorien zu »erlösen« vermochte. Benjamins Martyrium auf der Flucht vor den Nazis hat diese Messianität ikonisch noch gesteigert. Deshalb nimmt es nicht wunder, dass Benjamin in den letzten zwei Jahrzehnten eine obsessive Philologie inspiriert hat, die revolutionäre Sit-ins durch Proto-Konzile ersetzte und die Altrevolutionäre in Kirchenväter und -mütter der gewesenen Revolte verwandelte. Die regelmäßig veranstalteten Benjamin-Symposien glichen philologischen Liturgien, in denen die gläubige Gemeinde den esoterischen Sinn des Wortes festlegen wollte, um es dann in angemessener Weise der Konsumption anzubieten.

Dabei konnten sich dann allmählich die bislang vernachlässigten Unterscheidungen bei denjenigen revolutionär gesinnten Intellektuellen durchsetzen, denen Habermas Sprache zu rational und nüchtern vorkam. Da diese Intellektuellen auf dem Weg zu ihrem neuen Messias, St. Benjamin, zu dessen Jugendfreund Gershom Scholem, dem berühmten Kabbalaforscher aus Jerusalem, pilgern wollten, war es für sie nun selbstverständlich, nicht mehr an den Unterscheidungen zwischen Tätern und Opfern, Deutschen und Juden zu rütteln. Scholem hatte für diese deutschen Apostel sozusagen einen kleinen Katechismus zusammengestellt, der festlegte, wie das Verhältnis von Deutschen und Juden von nun an zu verstehen sei. So konnten sich die wesentlichen Unterscheidungen im kollektiven Bewusstsein der Spät-68er durchsetzen, die sich von nun an immer mehr mit Benjamins Mystik auseinandersetzten und, ebenfalls durch Scholem vermittelt, ihr Verhältnis zum jüdischen Staat einigermaßen zu liberalisieren wussten – also zu dem Staat, der in den Hochzeiten des messianischen Aktionismus einst als Archetyp von Imperialismus und Kolonialismus rangierte, der deutsche Stadtguerilla und palästinensische Landguerilla zusammengeführt hatte. Ästhetische Mystik und politische Pragmatik lautete so die geheime Parole der gereiften Revolutionäre, die gelegentlich selber anfingen, die Kabbala zu studieren und – vielleicht auch als Kompensation für ihre früheren Geisterspiele – nun bei allen jüdischen Autoren und Intellektuellen nach deren jüdisch-mystischen und kabbalistischen Spuren zu suchen. Diese *Conversos* konnten nun bald so gut wie nur ein orthodoxer Rabbiner jedem, der es wissen wollte, erklären, dass nur, wer eine jüdische Mutter hat, auch halachisch als Jude galt.

Mit Benjamin konnte sich also der Prozess der Normalisierung auch in ehemals revolutionären Kreisen durchsetzen. Er wurde ihr Emblem und das Vorbild ihrer ästhetischen Imitationen und Initiationen. Diese Normalisierung mit revolutionärem Habitus vollzog sich gleichermaßen als Rückkehr in die Seminare und in die Parlamente. Sie fand ihren realpolitischen Ausdruck in der Schröder-Fischer-Regierung. 1998, dreißig Jahre danach, konnten nun eine Reihe ehemaliger 68er ihr einstiges Ideal einer revolutionären »Machtergreifung« nun ganz friedlich, mittels demokratischer Wahlen, verwirklichen. So gelangte Berlin tatsächlich in die Hände loyaler 68er, darunter Bundeskanzler Gerhard Schröder, der sich als Jungsozialist einst bis in die SPD-Führungsspitze hochgearbeitet hatte, und Außenminister Joschka Fischer, einst radikaler Anarchist, »street fighting man« und RAF-Sympathisant, der zu den Gründern der Grünen gehört hatte und diese Partei geschickt auf den sogenannten Realo-Kurs trimmte, aber auch der ehemalige Strafverteidiger der RAF, Otto Schily, der nun ausgerechnet Innenminister wurde, der immer wieder vor den Gefahren eines möglichen Terrorangriffs durch islamistische Fundamentalisten warnte.

Begrenzte Anarchie: Joschka Fischers Kritik an Theologie und Psychologie der Revolte

Niemand hat diese Transformation von den hyperrevolutionären Abgründen bis zur kritischen Normalisierung in seiner politisch-theologischen und psychologischen Dimension so genau erfasst wie Joschka Fischer. Indem er seine eigene Metanoia, seine Umorientierung, meist aus der Wir-Perspektive beschrieb, ist er für viele tatsächlich zu der charismatischen und glaubwürdigen Identitätsfigur aufgestiegen, die die Radikalen ins gelobte Land von Demokratie und Parlamentarismus zurückzuführen vermochte.

»Diese radikale Identität und die von ihr getragene Kultur lebte über lange Jahre hinweg von zwei recht einfachen Einstellungen: dem Wissen um das, was man nicht will, dem Gegner, dem Feind, dem Kapitalismus, wie er hier existiert; und dem Wissen um das, was man will, Freiheit, Selbstverwirklichung, Aufhebung der Unterdrückung und Ausbeutung des Menschen durch den Menschen, Sozialismus also oder wie man den Traum sonst nannte. Innerhalb dieser beiden politischen Pole entwickelte sich der Radikalismus der Neuen Linken, wurden die verschiedensten Wege versucht, zeitweise gangbare, strenge, ausgeflippte, reformerische, revolutionäre und nihilistische. 1977 scheint die Entwicklung innerhalb dieser beiden Pole ausgelaufen zu sein. Die Toten von Stammheim und der Deutsche Herbst bezeichnen diesen Endpunkt.«

Joschka Fischer hatte selber den »Marsch durch die Illusionen« absolviert, er hatte die historisch-politische Logik der 68er-Rebellion durchschaut und Konsequenzen aus dem Scheitern der in Utopien und Mythen befangenen Rebellen gezogen. Seine Einsichten in den inneren Zusammenhang zwischen der politischen Theologie und Psychologie seiner Generation standen für eine demokratisch-kritische Umkehr, die Pathologien und utopische Verirrungen der damaligen linksradikalen Szene als Versuch begriff, Politik gerade zu bekämpfen. War der Schock über Auschwitz einst der Ausgangspunkt auch seines »revolutionären Kampfes«, bedurfte es jetzt der Aufklärung über den pragmatischen Sinn einer Politik, die diesen Schock trotz aller Kritik an den utopistischen und mythologischen Verführungen nicht vergessen wollte. Mag Joschka Fischers Ausgang aus der radikalen politischen Unmündigkeit der 68er und seine steile Karriere vom Straßenkämpfer zum Vorsitzenden der Grünen und zum Außenminister der rot-grünen Koalition (1998–2005) einem gelernten Mythologen wie Peter Sloterdijk wie der Modellfall für seine gepriesene heroische Selbstbefreiung im Geiste des Barons von Münchhausen erschienen sein, so hat Fischer diese Selbstrettung im Sinne von Habermas ganz nüchtern als linksreformerische Umorientierung seiner Generation begriffen, die in das prosaische Land der parlamentarischen Politik zurückkehrte.

Nach seinem eigenen Befund hat seine Besinnung mit einem Schock begonnen: Es war auf dem Höhepunkt der »engen Waffenbrüderschaft der palästinensischen und westdeutschen Guerilla«, als die Koalition zwischen RAF und PLO in der Flugzeugentführung von Entebbe 1976 die apokalyptische Logik der Bewegung brutal offenlegte. Dort hatten »sich zwei Deutsche, Genossen aus der Frankfurter Scene […] dazu [hergegeben], die Passagiere mit vorgehaltener Waffe in Juden und Nichtjuden zu selektieren!« Der radikale Antizionismus hatte sich als irrsinnige Kopie des nationalsozialistischen Rassenwahns erwiesen und damit die Logik des radikalen messianischen Aktivismus auf ihren letzten grauenvollen Begriff gebracht.

Nach diesem Schock erinnerte Fischer an die messianischen Analogien und Feindbilder, mit denen er selbst einst ausgezogen war, um den Kampf gegen den Faschismus aufzunehmen. So hatte er anlässlich des ersten israelischen Libanonkrieges auf dem mit entsprechenden Fotos veranschaulichten Vergleich zwischen dem »brennenden Westbeirut« und dem »brennenden Warschauer Ghetto« bestanden. Diese Gleichsetzung galt damals umstandslos auch den beiden Generälen:

> »Sharon wird seinem Premier Begin demnächst wohl ebenso stolz mitteilen, daß der ›palästinensische Wohnbezirk Westbeirut‹ aufgehört hat zu bestehen, wie es vor vierzig Jahren der SS-Brigadeführer und Generalmajor der deutschen Polizei Jürgen Stroop seinem Führer gegenüber getan hatte.«

Hier teilte Fischer also noch jene unendliche Verzweiflung, die auch Ulrike Meinhof und Gudrun Ensslin umgetrieben hatte, nämlich »daß man als Kind der Hitlergeneration deren überlebende Opfer auf denselben politisch hirnverbrannten Spuren findet wie die verhassten Eltern.« Indem Fischer mit diesem *depositum fidei* der radikalen Rebellen seine eigene Vergangenheit beschwor, kennzeichnete er die eigene »Politisierung«, um sie nun aber radikal zu entmythologisieren. Er legte den inneren Zusammenhang zwischen politischer Theologie und politischer Psychologie – einen Begriff, den Fischer selbst gelegentlich benutzt – des messianischen Aktivismus offen. Benannte schon der Hinweis auf die Juden, die nun angeblich den Spuren der »verhaßten Eltern« folgten, komplexe psychologische Verhältnisse einfach und direkt, so kritisierte Fischer vor allem die diesen Analogien und Feindbildern zugrunde liegende Pseudotheologie des messianischen Aktivismus. »Man soll die Welt nicht interpretieren, sondern verändern; diese letzte der elf Feuerbachthesen von Marx erledigt endgültig das Jenseits und holt alle Kräfte des Himmels in den Raum des Politischen«. Diese Überführung des Himmels auf die Erde habe dann damit begonnen, jede reale Politik zu bekämpfen, um zuletzt dann den vermeintlichen Befreiungskampf, den »Kampf für das Volk«, in einen Krieg gegen den absoluten Feind zu verwandeln. Messianismus und absolutes Feindbild, politische Theologie und politische Psychologie bedingten einander. Wenn Religion aus dem Jenseits ins Diesseits überführt wird, verwandelt sie sich in das berühmte Opium einer messianischen Intoxikation, die sich für den zunehmenden Realitätsverlust durch Terror entschädigt:

»Der absolute Glaube an die Machbarkeit des Diesseits in der westlichen Kultur, um wie viel unterscheidet er sich eigentlich von seinen himmlischen Vorläufern, was seinen Charakter als Opiat betrifft? Ich glaube, um wenig, nur daß seine Wirksamkeit wesentlich geringer und seine zerstörende Wirkung weitaus stärker ist.«

Ein Theologe der Säkularisation hätte das ähnlich formuliert. Doch Fischer sprach nicht als ein solcher, sondern er trug seine Dissoziation der Politik von allen eschatologischen Phantasmagorien im Interesse einer Rettung »des Politischen« vor. Ihm schwebte keineswegs »die Rückkehr in den Schoß der Mutter Kirche vor.« Die Fundamentalunterscheidung zwischen Theologie und Politik sollte eine ganze Reihe von sekundären Unterscheidungen einleiten, die jene (Selbst-)Therapie ermöglichten, mit der die Pathologien der utopistischen Gewalt als Bedingung für die Möglichkeit der Rückkehr in die Politik geheilt werden konnten.

Fischer kannte die politische Psychologie der 68er viel zu gut, als dass er den unmittelbar nach dem Herbst 1977 einsetzenden Rückzug in die Innerlichkeit in seiner Tiefenbedeutung verkennen konnte. Die »große Verweigerung« der ersten revolutionären Bekämpfung aller realen Politik sei nur einer neuen Verweigerung gewichen, die sich nun auf eine alternative Weise durch »Fluchtbewegung in die inneren und äußeren Räume« dem Politischen entziehe. Fischer erkannte nicht nur die Fortsetzung der radikalen Antipolitik mit anderen Mitteln, sondern vor allem die Fortsetzung derselben politischen Theologie, die jetzt freilich als Doppelmoral auftrete: »[M]an behält zwar sein radikales Nein im Kopf, arrangiert sich aber praktisch«. Stattdessen zeigte er sich bereit, die praktischen Konsequenzen aus dem Desaster zu ziehen, und zwar ohne eschatologischen Vorbehalt, aber auch ohne mythologische Kompensationen durch eine Heilsmetaphysik von rechts. In diesem Sinne warnte er vor einem Rückgriff auf verdächtige Traditionsbestände der nationalistischen Vergangenheit: Rekrutierten sich die Grünen vorwiegend aus den verschiedenen, nach 1968 entstandenen linksradikalen Gruppierungen sowie aus »Jusos, Judos, DKPisten« und glichen so einem zufälligen Konglomerat, so hätten sich auch ganz andere Fraktionen eingeschlichen, denen Natur und Ökologie als willkommene Parolen für eine nationale Restauration dienten. Fischer war sich der Dialektik der postrevolutionären Nachgeschichte in hohem (selbst-)kritischem Maß bewusst und wollte alle alternativen Fluchtwege zurück in die politische Theologie und Mythologie verstellen.

Gegen die großen Entwürfe und Utopien machte er die »Endlichkeit aller Anstrengungen« geltend, um neue Wege für eine realkritische Politik zu erschließen. Die Einsicht in »die Knappheit von Selbstverständlichkeiten wie Raum, Luft, Gesundheit, Nahrung, Arbeit und Energie« korrespondierte bei ihm mit einem Politikverständnis, das eine uniforme Machtstruktur in die Pluralität verschiedener Lebensstile im Sinne einer postmetaphysischen Reflexion gleichsam »verendlichen« wollte. Es ging also um Begrenzung, Selbstbegrenzung und Einschränkung überlasteter Ansprüche, um die reale Sphäre des Politischen im Prisma neuer Möglichkeiten zu entgrenzen. Bediente sich der ehemalige Anarchist noch einmal der klassischen anarchistischen Analogie, die Theologie und Herrschaft, Metaphysik und Machtstruktur als einander bedingende Pole des Politischen konstruiert, wollte Fischer diese Analogie mit einem Modell postmessianischer Politik endgültig auflösen, um den eigenen Anarchismus als eine Struktur totaler Freiheit zu entmythologisieren: »Begrenzte Anarchie« lautete nun die Devise für diesen neuen »Begriff des Politischen«, mit dem eine neue kritische Verantwortlichkeit der Bürger konzipiert wurde.

»Eine […] echte Pluralisierung der homogenen deutschen Wachstumsgesellschaft von unten wird wohl nicht mehr aufzuhalten sein, und hier kann man, endlich, von einem echten Fortschritt sprechen. Denn woran es deutscher Staatlichkeit in der Vergangenheit fehlte, war weniger die Fähigkeit zur Ordnung, als vielmehr die Unfähigkeit, eine begrenzte Anarchie der verschiedenen gesellschaftlichen Klassen, Schichten und Gruppen zuzulassen.«

Die Nähe solcher Überlegungen zu Habermas' Idee von der postmetaphysischen Pluralisierung der Lebensstile als Bedingung für eine Politik bürgerlicher Verantwortung war unübersehbar. Auch die »begrenzte Anarchie« wollte den Weg freilegen, auf dem ein durch Auschwitz geprägtes politisches Bewusstsein sich der Vergangenheit zu stellen vermochte, ohne einer politischen Mythologie oder einem politischen Futurismus zu verfallen und damit wieder aus der Sphäre des Politischen herauszufallen. Nur die Kritik der Phantasmagorien und imaginierten Identitäten eröffnete den Nachgeborenen die Möglichkeit, in eine politisch verantwortliche Individualität zurückzufinden.

Wie Habermas erkannte Fischer hinter den politischen Abwegen der 68er eine aus ihrer Umlaufbahn geratene »politische Psychologie«. Er brachte sie auf den klaren Begriff, der vor peinlichen Enthüllungen nicht zurückschreckte. Die messianische politische Theologie der 68er verdankte sich einer Überidentifikation mit den jüdischen Opfern, die zu einer Substitutionstheologie geführt hatte, mit der sich die radikalen Studenten an die Stelle der

Juden gesetzt hatten. Eine *supersessio,* mit der sich die Revolteure von ’68 gegenüber den alten »zionistischen« Juden als die neuen, wahren Juden stilisiert hatten. *Verus Israel* war das imaginative Ideal solcher utopischen Selbstexperimente. »Bei uns hat sich an der Frage ›Wie hältst Du es mit Israel?‹ ein wahrer Glaubenskrieg entzündet. Man könnte gar meinen, die Scene würde sich als jüdische Gemeinde mißverstehen, so fetzt es um diese Frage.«

Fischer berührte hier tatsächlich ein Movens der radikalen Studentenbewegung. Ihre surrealistische Raison d’Être ließ sie eine »Waffenbruderschaft« mit den palästinensischen Guerilleros herstellen, um den gemeinsamen imperialistisch-zionistischen Feind zu bekämpfen. Als Fischer Abschied von der Bewegung nahm, die im deutsch-palästinensischen Terror die nationalsozialistische Liquidationspolitik faktisch erneuerte, erinnerte er zugleich alle verbliebenen Sympathisanten der RAF daran, dass die radikale arabische Front und die ehemaligen Maoisten »dieselben Schlagworte, dieselben Denkmuster und dieselbe moralische Naivität« besaßen, womit die gescheiterte revolutionäre Ideologie längst »in die Nähe von Strauß und der Vertriebenenverbände« gerückt war. Die Vorwürfe dieser rechten Front gegen Willy Brandts Friedenspolitik habe ihre »Entsprechung in den Vorwürfen der arabischen Radikalen gegen Sadats Friedensvertrag mit Israel gefunden«. Fischer forderte damals: »Wir sollten endlich aufhören, palästinensischer als die PLO zu sein«, und er verlieh seiner Hoffnung Ausdruck, »daß es zu einem dauerhaften Frieden zwischen Juden und Arabern kommt, daß Juden und Palästinenser sich als Volk eigener Staatlichkeit anerkennen.«

Solche Wendungen, die Fischer aus der Wir-Perspektive formulierte, zogen folgerichtig die Konsequenzen aus der politisch-theologischen Dissoziation, die am Anfang dieses Transformationsprozesses standen. Die Deutschen waren nun die Nachgeborenen ihrer nationalsozialistischen Eltern, die Juden waren die Opfer des in der Geschichte einmaligen systematischen Völkermordes, und die Palästinenser waren eine nationale Unabhängigkeitsbewegung und hatten wie die Juden Anspruch auf souveräne Staatlichkeit. In seiner Bundestagsrede vom 23. Juni 1983 formulierte der mittlerweile offizielle Vertreter der Grünen den für das neue Politikverständnis charakteristischen Bezug zu Auschwitz und ließ die messianischen Analogien endgültig hinter sich:

»Es ist sicher richtig, die Einmaligkeit des Verbrechens, das die Nationalsozialisten am jüdischen Volk begangen haben, nicht mit schnellen Analogieschlüssen zu überdecken. Aber ich finde es doch moralisch erschreckend, daß es offensichtlich in der Systemlogik der Moderne, auch nach Auschwitz, noch nicht tabu ist, weiter Massenvernichtung vorzubereiten – diesmal nicht entlang der Rassenideologie, sondern entlang des Ost-West-Konflikts. Da analogisiere ich nicht mit Auschwitz, aber ich sage: Auschwitz mahnt eigentlich daran, diese Logik zu denunzieren, wo sie auftritt, und sie politisch zu bekämpfen.«

Fischers Rückkehr in die realpolitische Geschichte ließ sich von nun an von der Erinnerung an die Einmaligkeit von Auschwitz und von den daraus abzuleitenden Konsequenzen leiten. Diese Doppelstrategie entsprach ziemlich genau der von Adorno skizzierten und von Habermas ausformulierten Politik der Korrelation, mit der Demokratie praktisch vertieft, kritisch erweitert und für alle Bürger nutzbar gemacht werden sollte. In diesem Sinn verfuhr Fischer etwa in der parlamentarischen Diskussion über die deutsche Asylpolitik:

»Frau Präsidentin! Meine Damen und Herren! Vor 43 Jahren, am 27. September 1940, starb der Philosoph und deutsche Jude Walter Benjamin an der spanisch-französischen Grenze durch die eigene Hand. Benjamin, einer der herausragendsten Denker der Frankfurter Schule, nahm Gift, da er die Auslieferung an Hitlers Gestapo und Folter, Verstümmelung und qualvollen Tod im Konzentrationslager mehr fürchtete als den Selbstmord. Nach seinem Tod durften seine Gefährten – alles politische Flüchtlinge vor der Nazi-Diktatur – in Spanien bleiben. Sie wurden nicht ausgeliefert. Man muß hinzufügen, daß es sich dabei um das faschistische Spanien ein Jahr nach dem Ende des Bürgerkrieges gehandelt hat. Am 30. August dieses Jahres hat sich der politische Emigrant und Asylsuchende Kemal Altun aus dem sechsten Stockwerk des Berliner Verwaltungsgerichts gestürzt. Sein Tod bezeichnet den traurigen Höhepunkt einer seit Jahren – und das heißt: auch schon unter der sozialliberalen Regierung begonnenen – vollzogenen Aushöhlung und Verfälschung des Asylrechts in ein Asylverweigerungsrecht.«

Die Einmaligkeit von Auschwitz als Negativfolie für eine zu vertiefende demokratische Praxis – das war die einfache Formel, mit der die längst fälligen Unterscheidungen zwischen Tätern und Opfern, Deutschen und Juden, Tätern und Nachgeborenen jetzt nachgeholt wurden und auf der Basis des Grundgesetzes politisch fruchtbar werden sollten. Diese Konstellation des »gezähmten« revolutionären Bewusstseins konnte – das gehört zu Fischers Vermächtnis – in der Figur Walter Benjamins ihre ikonische Dogmatisierung erfahren. Sie war die Formel für den endgültigen Ausgang der Studenten aus ihrer selbst verschuldeten Unmündigkeit, den Joschka Fischer »mit seinem langen Lauf zu sich selber« mit ins Werk gesetzt hat.

Der Ausgang aus der selbst verschuldeten Unmündigkeit als Auszug aus der Schuld

Herbert Marcuses politische Theologie zwischen Ödipus und Jesus

Von der Psychoanalyse zu einer politischen Christologie

Ganz im Geist der Kritischen Theorie deutet Herbert Marcuse die Dialektik der Aufklärung als Umschlag der bürgerlichen Befreiungsbewegung in das kapitalistische Herrschaftssystem. Mit Sigmund Freud erkennt er darin zugleich die zyklische Logik des Zivilisationsprozesses, die sich in der ödipalen Dramaturgie widerspiegelt. Auf die Beseitigung des Vaters durch den Sohn, so Marcuse in *Triebstruktur und Gesellschaft*, folgte bisher noch immer die Wiedereinsetzung des Herrschaftsprinzips durch den Sohn.

Wird Aufklärung damit für Marcuse in ihrer ödipalen Mythizität transparent, so eröffnet die psychoanalytische Einsicht in die Rolle des Eros für den Zivilisationsprozess zugleich eine neue existenziell-erotische Perspektive auf die marxistische Utopie einer herrschaftsfreien Gesellschaft. Diese bedürfe einer Überwindung der ödipalen Logik, die alle bisherige Geschichte der Rationalisierung und Technologie als Geschichte der Klassenkämpfe bestimmt hat.

Setzt die herrschaftsfreie Gesellschaft diese Suspension voraus, so kennzeichnet Marcuse diese Revolution tatsächlich wiederholt in eschatologisch-theologischen

Begriffen als eine »Tilgung der Ursünde« oder gar als »Erlösung« (TuG, 83, 111 und 147), und er identifiziert beide mit dem messianischen Werk des »häretischen Jesus« (TuG, 65). Jesus wird hier zu demjenigen Sohn, der mit dem Reich der Liebe das Prinzip von Herrschaft und Schuld endgültig überwinden soll. Beseitigt Ödipus den Vater, um seine eigene Herrschaft zu etablieren, steht Christus für die Beseitigung des Vaters und verweigert sich einer Wiedereinsetzung der Herrschaft.

Der häretische Jesus fungiert bei Marcuse als der eschatologische Archetyp eines »letzten Ödipus«, der mit seiner »großen Weigerung«, das Herrschaftsprinzip wieder einzusetzen, das utopische Reich der Liebe in einer »neuen Sensibilität« hier und jetzt gründen soll. Marcuses psychoanalytische Utopie auf marxistischer Grundlage entspricht damit einer politischen Christologie, die es in der realen Geschichte zu realisieren gilt.

Steht der häretische Jesus für die »Erlösung« und utopische Befreiung des Eros, so delegiert Marcuse die eigentliche eschatologische Praxis an die Technologie und an das ästhetische Subjekt. Wo die Technologie den Menschen von der unmittelbaren Not (griech. Ananke) der Naturbeherrschung und Arbeit freistellt, soll das ästhetische Subjekt als der seiner selbst bewusste Sohn über Erinnerung, Fantasie und Imagination die Perspektive auf eine andere politische Praxis eröffnen. Die ästhetische Kritik der Normen, Formen und Regeln der bestehenden Kommunikation wird so zum Vorbild der »ödipalen Suspension« des häretischen Jesus, der in einem letzten Vatermord das Prinzip Herrschaft an sich beseitigen soll. In einem Akt der letzten Gewalt soll sich damit das Subjekt von Herrschaft und Schuld überhaupt »erlösen«. In den Figuren von Orpheus und Narziss (TuG, 147–149) veranschaulicht Marcuse diese ödipale Suspension zunächst ästhetisch als Destruktion der bestehenden herrschaftlichen Kommunikation und mobilisiert diese Ästhetik als Vorlage für eine wahre politische Aktion und erotische Lebenspraxis. Zielt die politische Aktion des Sohnes auf direkte Gewalt gegen das Herrschaftssystem »des Vaters«, soll sich die Praxis der Erotik schon »realutopisch« auf eine »genitofugale Sexualität« verlegen. Mit dieser verweigert sich der Sohn dem Prinzip der Zeugung und soll damit »Erlösung« als biologische Abschaffung des Vaterprinzips ins Werk setzen.

In den Metamorphosen des letzten Ödipus vom häretischen Jesus zum poetischen Mythos von Orpheus und Narziss vollzieht sich also eine Eschato-Logik, die mit der endgültigen Abschaffung von Herrschaft immer schärfer die Gefahr dieser absoluten Politisierung des Theologischen enthüllt. Die radikale Neuauflage der Aufklärung als Ausgang aus selbst verschuldeter Unmündigkeit muss, weil sie diesen als Auszug aus der Schuld auffasst, zu einer Politik der Gewalt gegen den Vater als absoluten Feind eskalieren.

Marcuse hat sich gegen einen Zusammenhang zwischen seiner Lehre und der terroristischen Praxis der Baader-Meinhof-Gruppe mit dem Hinweis verwehrt, der revolutionäre Augenblick sei noch nicht gekommen. Mag sein Denken auch einen entscheidenden Einfluss auf die Liberalisierung und Pluralisierung der Lebensstile ausgeübt haben, so hat Marcuses revolutionäre Eschato-Logik sich doch dieser Liberalisierung als einer bloßen Anpassung an das System gerade entgegengestellt. Die in der 68er-Bewegung sich radikalisierende Baader-Meinhof-Gruppe hat sich auf Marcuse berufen und direkte praktische Konsequenzen aus den eschatologischen Potenzialen von dessen Revolutionsverständnis gezogen. Unter dem Druck der besonderen Verhältnisse der deutschen Söhne zu ihren Vätern, die Auschwitz möglich gemacht hatten, geriet der Terror »gegen die Väter« zusammen mit den sexuellen Eskapaden und Happenings der Kommunen zur Illustration dieser praktisch gewordenen Eschatologie. Die fanatisierten Gesichter der zu jeder Gewalt bereiten Anarchisten entsprechen der letzten, unter eschatologischen Bedingungen unvermeidlich entstellten Gestalt dieser psychoanalytisch-theologisch-ästhetischen Metamorphose: Baader-Meinhof als politisch-eschatologische Fratze von Ödipus-Orpheus.

Die nachfolgende kritische Rekonstruktion von Marcuses politischer Christologie wird von dessen Hauptwerk *Eros und Zivilisation* aus zunächst den Zusammenhang von Psychoanalyse und Theologie, dann die Rolle von Technik und Kunst für diese politische Theologie und zuletzt deren Bedeutung für die politische »Erotologie« Marcuses skizzieren. Wenn die Metamorphosen der Eschatologisierung von Marcuses politischer Theologie erhellt werden, geht es nicht um eine pauschale Kritik an deren heilsgeschichtlicher Dimension, die im Übrigen Michel Foucault und Hans Albert schon früh vorgetragen haben. Es geht hier vielmehr um die Kennzeichnung der drei regionalen Eschatologien des Ästhetischen, Politischen und Erotischen und deren inneren Zusammenhang. Während sich die politische Eschatologie heute, zumal in Agambens Denkfiguren, ohnehin in Ästhetik und Philologie zurückzieht, scheint Marcuses »Begriff des Erotischen« von besonderem Interesse. Er bezeichnet ein durchaus noch wirksames »letztes Eschaton«, das seine Aktualität in der Diskussion über die Zukunft der Liebe bewahrt hat. Die These vom »Tod des Eros« erscheint heute wie die letzte Konsequenz aus Marcuses eschatologischer Radikalisierung der Aufklärung. Sie ist in ihrer Tiefendimension ohne eine Rekonstruktion der psychoanalytischen, politischen und theologischen Voraussetzungen seiner »Erotologie« kaum zu erfassen.

Christus als letzter Ödipus

Die marxistische Kritik der Geschichte der Klassenkämpfe und die ödipale Logik des Zivilisationsprozesses dienen bei Marcuse zunächst einer gegenseitigen Kritik der Diskurse. Mit der politischen Ökonomie hinterfragt er den statisch-mythischen Begriff der Arbeit bei Freud, mit Freuds Psychoanalyse will er die existenziell-erotischen Grundlagen des Zivilisationsprozesses und damit die Tiefendimension von Entfremdung, Unterdrückung und Revolution offenlegen. Die Pointe liegt darin, dass die marxistische Analyse die ökonomischen Möglichkeiten zur Befreiung vom Zwang der Arbeit durch die Technologie nachweisen soll. Indem die Technik das Subjekt vom Druck unmittelbarer Naturbeherrschung und Arbeit und so von der bei Freud statisch bestimmten Macht der Ananke befreien hilft, werden die bisher verschütteten erotischen Potenziale freigelegt, die nunmehr die wahre revolutionäre Energie des Subjekts entfesseln können.

Was die freudianische Dimension der Herrschaftslogik betrifft, rückt Marcuses Revolutionstheorie die existenziell-erotische Perspektive in den Vordergrund. Das ergibt sich schon fast notwendig aus seiner ödipalen »Personalisierung« der hegelianischen Dialektik von Herr und Knecht. Dem Prinzip herrschaftlicher Organisation entspricht der »Vater«, dem der Revolution der »Sohn«. Diese Personalisierung in diesem familiären Antagonismus, die von der freudianischen Perspektive diktiert wird, färbt auf Marcuses Konzeption einer erotisch fundierten Revolution der Gesellschaft unmittelbar ab, indem diese dazu tendiert, sich in eine Revolution des Sohnes gegen den Vater zu transformieren.

Unter den gegebenen Bedingungen der Naturbeherrschung und des daraus sich ergebenden Zwangs zur Arbeit unterliegt der Eros des Menschen zunächst ganz der biosozialen Dynamik von Herrschaft und Gewalt, wie sie unter der präzivilisatorischen Herrschaft des Urvaters wirkt. Die Vorrangstellung des ursprünglichen Vaters innerhalb seiner Familienhorde dient seinem maximalen erotischen Lustgewinn, das heißt der erotischen Ausbeutung der Töchter und der Versklavung der Söhne für die Arbeit, die damit vom Genuss der Frauen ausgeschlossen sind. Mit dem Zusammenschluss der Söhne gegen den Vater und dem Mord an diesem »erotischen Souverän« beginnt der eigentliche Zivilisationsprozess. Das bedeutet vor allem, dass die Söhne mithilfe von Totem und Tabu nun ihre eigene Herrschaft etablieren:

»Der Aufstand gegen den Vater ist eine Auflehnung gegen eine biologisch gerechtfertigte Autorität, seine Ermordung zerstört die Ordnung, die das Leben der Gruppe erhalten hatte. [...] Aber die Söhne wünschen ja dasselbe wie der Vater: sie wünschen dauernde Befriedigung ihrer Bedürfnisse. Und sie können dieses Ziel nur durch die Wiederholung der Herrschaftsordnung in einer neuen Form erheben«. (TuG, 61)

Der Übergang von der erotischen Souveränität des Urvaters zur gesetzlich begründeten Herrschaftsordnung der Söhne nimmt modellhaft das Phänomen des Politischen vorweg; und er veranschaulicht, was Marcuse die »doppelte Schuld« nennt und was die Geschichte des Politischen in ihrer Zyklizität bestimmen wird. Während Freud diese Zyklizität aus der Ambivalenz erklärt, dass die Söhne mit der Einsetzung des Totems einerseits die Beseitigung des Vaters feiern, andererseits aber dessen Verlust auch betrauern und sich nach ihm sehnen, betont Marcuse die doppelte Schuld am Mord und an der Wiedereinsetzung des vom Vater verkörperten Herrschaftsprinzips.

Statt dem Versprechen einer vaterlosen Gesellschaft zu entsprechen, haben die Söhne mit ihrer auf legaler Basis reproduzierten Herrschaft diese durch das Totem, das tierische Ursymbol des Vaters als Gott, erst recht konsolidiert und theologisch sanktioniert.

»Die Botschaft des Sohnes war eine Botschaft der Befreiung: der Sturz des Gesetzes (das Herrschaft ist) durch Agape (die Eros ist). Dies würde mit dem häretischen Bilde Jesu als Sühner im Fleische übereinstimmen, des Messias, der gekommen ist, um den Menschen hier auf der Erde zu erlösen.« (TuG, 65)

Dieser Jesus, der mit dem Prinzip der Liebe das »Gesetz aufhebt«, entspricht einerseits einem traditionell christlichen Bild, wird aber von Marcuse andererseits dadurch »häretisiert«, dass er nur noch als Sohn auftritt und den Gottvater beseitigt. Frei von seiner dogmatischen Konstitution soll dieser Jesus den Menschen »hier auf Erden schon erlösen«. Dieser entdogmatisierte Christus wird also ganz aus der Perspektive einer ödipalen Eschato-Logik gedacht, die ihrerseits nichts anderes als eine »Dedogmatisierung« des freudianischen Ödipusprinzips bedeutet, welches in der »doppelten Schuld« besteht, dass der Vater beseitigt und zugleich dessen Herrschaftsprinzip durch den Sohn rehabilitiert wird. Jesus und der letzte Ödipus sind bei Marcuse Archetypen jener »großen Weigerung« – die Herrschaft fortzusetzen –, die eine »neue Sensibilität« – eine erotische Praxis ohne Herrschaft – ermöglichen soll.

Es ist hier nicht der Ort, die psychoanalytische Kritik an der christlichen Religion auszuführen. Es sei nur darauf hingewiesen, dass sich Marcuse auf einen Vortrag von Erich Fromm bezieht, der den christlichen Messias aus der psychoanalytischen und marxistischen Perspektive in die Rolle eines Revolutionärs der ausgebeuteten Massen Palästinas versetzte, um den im Dogma an der Seite des Gottvaters regierenden Christus als Ideologie der mit Herrschaft und Kaisertum versöhnten Staatskirche zu charakterisieren. Unter Berufung auf Adolph von Harnacks kritische Dogmengeschichte hatte Fromm Christus als Begründer eines utopischen »Liebeskommunismus« interpretiert, der durch die veränderte sozial-politische Basis dieser messianischen Religion zunehmend entmessianisiert und dogmatisiert wurde. Die spätere Gleichsetzung des Sohnes Gottes mit dem Vater im Dogma der Trinität verkehrt Fromm zufolge den Sinn der ursprünglichen ödipalen Rebellion in einen Akt der Unterordnung des Sohnes unter den Vater. Statt den Vater zu beseitigen, opfert sich jetzt der Sohn für ihn, um dafür mit der Herrschaft an seiner Seite »belohnt« zu werden. Marcuse greift diese Deutung auf, wendet sie aber pointiert auch gegen die freudianische Dogmatik von der ewigen Wiederkehr des Ödipus-Prinzips.

»Dann wäre die spätere Transsubstantiation des Messias, die Vergöttlichung des Sohnes an der Seite des Vaters, ein Verrat seiner Botschaft durch seine eigenen Jünger – die Leugnung der Befreiung im Fleische, die Rache an dem Sühner. Das Christentum hätte dann das Evangelium von Agape-Eros wieder dem Gesetz unterworfen, die Vaterschaft wäre wieder aufgerichtet und verstärkt.« (TuG, 65)

Die Revolte gegen väterliche Autorität ohne Selbsteinsetzung des Sohnes als Herrscher zielt auf eine globale Kritik an Freuds Destruktion der Religion als Illusion und Neurose. Hatte Freud die begrifflichen Instrumente ausgearbeitet, mit denen Marcuse die Dialektik der Aufklärung in ihrer mythischen Zyklizität rekonstruiert, so soll diese selber – aus der eschatologischen Perspektive des letzten Ödipus – in ihrer Verfallenheit an den Mythos der Vernunftherrschaft überführt werden, die nichts anderes als eine Fortsetzung der ödipalen Herrschaft bedeutet. Marcuse will also die theologische »Illusion« retten, indem er sie mit dieser Figur des letzten Ödipus deutet:

»[Freud] glaubte, daß der Untergang dieser Illusion den materiellen und intellektuellen Fortschritt der Menschheit äußerst beschleunigen würde und pries Wissenschaft und wissenschaftliche Vernunft als die großen befreienden Antagonisten der Religion. [...] Wo die Religion weiterhin das kompromißlose Streben nach Friede und Glück bewahrt, haben ihre ›Illusionen‹ noch einen höheren Wahrheitsgehalt als die Wissenschaft, die an der Ausschaltung dieser Ziele arbeitet.« (TuG, 67 f.)

Wenn die christliche Theologie mithilfe der Psychoanalyse auf ihre utopische Grundlage gestellt wird, macht die am häretischen Jesus orientierte Eschatologie der Liebe die wissenschaftsgläubige Illusion der Psychoanalyse transparent. Freuds Ideal des Logos, der den Prozess der Kultur vollenden soll, bleibt für Marcuse der Dialektik der Aufklärung verhaftet und führt insofern die »Rationalität des herrschenden Realitätsprinzips« fort, die sich gegen »die metaphysische Spekulation über den Eros durch(setzt)«.

Mit der Rekonstruktion der ödipalen Dynamik von Fortschritt und Herrschaft geht es Marcuse also um nichts weniger als um eine politische Theologie, die auf eine Befreiung des Eros von Herrschaft und Schuld zielt. Die Idee von »Erlösung« wird in dieser politischen Theologie tatsächlich säkularisiert: »Hinter der Definition des Subjekts […] erhebt sich das Bild der Erlösung vom Ich«, schreibt Marcuse (TuG, 129f.). Das wirft die Frage auf, wie diese säkulare Erlösung hier und jetzt als ein Werk des Menschen vor sich gehen soll.

Wie der Hinweis nahelegt, dass Freud die »metaphysische Spekulation über den Eros« leugne, setzt dessen Erlösung von Herrschaft und Schuld voraus, dass der Eros vor seiner Instrumentalisierung im Prozess der Rationalisierung friedfertig und gewaltlos ist. Sinnlichkeit und praktische Vernunft, Lust und Freiheit, Eros und Gesetz, Sexualität und Agape sind »an sich« immer schon versöhnt, bevor sie durch die Dynamik der Naturbeherrschung entstellt werden. Wenn Marcuse diese »Erlösung« aus der Erinnerung konzipiert, auf der Grundlage eines Andenkens an den in diesem Prozess verdrängten Eros, muss sich auch dieser, bei Freud als sexueller Trieb und Aggression verstanden und damit »naturalisiert«, unter der Hand verwandelt haben. Unausgesprochen setzt also Marcuse eine Metaphysik des Eros voraus, die ihre materialistischen Bedingungen immer schon überschritten hat. Dieser metahistorisch intakte Begriff des Eros wird unter dem Druck der Naturbeherrschung in der realen Geschichte entstellt und verdrängt, soll aber gleichwohl über die Erinnerung in seiner ganzen Fülle in der Geschichte aktualisiert werden.

Marcuses Idee des intakten Eros setzt entweder die Präexistenz des personalen Logos der Liebe – also des dogmatischen Christus – oder eines apersonalen Logos des Eros voraus. Hier drängt sich unwillkürlich eine Analogie zu Heideggers Metaphysik auf. Wo dieser das Sein aus seiner metaphysischen Besetzung durch das mit Vernunft und Wissenschaft determinierte Seiende, aus der Seinsvergessenheit befreien will, konzipiert Marcuse eine Art Erosvergessenheit, die, bedingt durch Vernunft, Wissenschaft und Herrschaft, zu einer kritischen Revision des Ursprungs der metaphysischen Fülle des Eros zwingt. Dieser metaphysische Eros entspricht wie das Sein bei Heidegger einer Fülle der Erfahrung, die durch die Herrschaft zu einem defizienten Eros entstellt worden ist.

Die Figur des häretischen Jesus und des letzten Ödipus setzt die Präexistenz eines Eros voraus, der die onto-erotologischen Voraussetzungen Freuds destruiert. Diese Destruktion aber wird weder psychoanalytisch explizit durchgeführt noch eigens in einer »Theologie« oder Metaphysik wirklich begründet. Entweder greift mithin Marcuse auf eine Metaphysik der Liebe beziehungsweise auf eine Theologie der präexistenten Liebesfülle zurück, oder aber er muss einen geschichtsimmanenten Mechanismus konstruieren, der die »Erlösung« vom herrschaftlichen Eros durch Menschenwerk ermöglicht. Seine politische Christologie versucht diese »Erlösung« zunächst tatsächlich als Autopoiese des Subjekts, also als seine Selbsterschaffung mithilfe der *techne*, mit den Mitteln von Technik und Kunst, zu denken. Es wird demnach zu fragen sein, ob die Technik diese ihr zugemutete Aufgabe einer Veränderung aller herrschaftlichen Bedingungen gesellschaftlichen Seins leisten kann oder ob sie letztlich nur ein Deus ex Machina bleibt, der die Möglichkeit einer Veränderung der biologischen Bedingungen der menschlichen Natur nur verdeckt und herausschiebt.

Von der politischen Christologie zu einer ästhetisch-technologischen Autopoiese

Wenn der Arbeitszwang nicht nur ein mythisches Axiom wie bei Freud darstellt, sondern den Gesetzen der politischen Ökonomie und technischen Rationalität unterliegt, sich also historisch verändert, dann lässt sich, schließt Marcuse, von der technischen Beherrschung der Natur nicht nur eine Erleichterung der Arbeitsbedingungen, sondern die Befreiung von der herrschaftlichen Konstitution der Gesellschaft selbst erwarten. Stellt Herrschaft für Marcuse nur eine Funktion des dem Menschen von der »äußeren« Natur auferlegten Zwangs zu ihrer Beherrschung und Manipulation dar, birgt die technische Rationalisierung dieser Beherrschung den Schlüssel zur Emanzipation nicht nur vom Arbeitszwang, sondern vom Herrschaftsprinzip selbst. Die politisch-erotische Utopie von der letzten ödipalen Befreiung findet also zunächst in der Idee der befreiten Technologie ihr utopisches Substrat.

Endeten alle Klassenkämpfe bisher in der (ödipalen) Reproduktion von Herrschaft, zeichnet sich mit der spätkapitalistischen Technologie zum ersten Mal die reale Möglichkeit ihrer Abschaffung ab. Die »Erlösung« von der Herrschaft selbst wird auf der Grundlage dieser historischen Teleologie tatsächlich erst durch die Technologie möglich. Diese fungiert hier demzufolge als der Deus ex Machina, dessen Geheimnis der letzte Ödipus nur zu entziffern braucht, um seine »Erlösung« ins Werk zu setzen.

Dieser Zusammenhang verdeutlicht einmal mehr Marcuses Vorbehalt gegen das Proletariat als revolutionäres Subjekt. Es ist längst in den Spätkapitalismus integriert, da sich seine Arbeits- und Lebensbedingungen qualitativ extrem verbessert haben. Damit wird es für Marcuse erst recht zum Opfer seiner totalen Verblendung durch die Kulturindustrie und ist dabei, zum »eindimensionalen Menschen« zu degenerieren, außerstande, die mittels der Technologie mögliche Abschaffung des Herrschafssystems zu durchschauen und zu verwirklichen. Zwar setzt Marcuse auf die revolutionäre Energie der von diesem integrativen Kapitalismus ausgegrenzten Randgruppen und Ghettobewohner und auf die Befreiungsbewegungen in der Dritten Welt, doch die eigentliche Aufgabe, den Bann der historischen Logik von Natur und Naturbeherrschung zu brechen, fällt dem Subjekt einer »neuen Sensibilität« zu, das den metaphysischen Zusammenhang zwischen Utopie und Technologie aufzudecken vermag. Da die traditionellen herrschaftlichen Autoritäten und Instanzen zunehmend entpersonalisiert und anonym sind, findet sich dieses revolutionäre Subjekt unmittelbar einem »System« der Herrschaft gegenüber, das sich eben dem Funktionieren der Technologie verdankt. Dieser unmittelbare Zugang zum System und zu seinen maschinellen Bedingungen setzt dieses Subjekt vom revolutionären Standpunkt aus in eine »privilegierte« Situation, gerade weil es vom unmittelbaren Druck der Naturbeherrschung potenziell freigestellt ist. Vor allem Intellektuelle und Künstler vermögen dank ihrer kreativen Arbeit die Gesetzmäßigkeit des Systems und seiner technologischen Bedingungen zu erfassen. Bevor die Technologie also durch das System vollends zum Instrument der Herrschaft wird und diese dann ihr Wesen völlig verbirgt, gilt es, im Augenblick der ultimativen Gefahr diesen Zusammenhang zu durchschauen. Dann vermag das sensible Subjekt den Hebel zu einer Umfunktionierung der Technik anzusetzen und das sie bedingende System selbst abzustellen.

Unschwer sind in diesen Reflexionen die Spuren von Heideggers späterer Metaphysik der Technologie als Vollendung der onto-theologischen Metaphysik zu erkennen. Auch für Marcuse kommt alles darauf an, das herrschaftliche Wesen der Metaphysik, die die Technologie durchwaltet, zu erkennen, um deren Macht zu brechen. Die Technologie bezeichnet auch bei ihm den Abschluss des von Nietzsches Philosophie des Willens zur Macht enthüllten Wesens der Metaphysik als Naturbeherrschung, das sich in deren Selbstvollendung unwiderruflich zu entziehen droht. Wo bei Heidegger nur noch eine am Sein selbst sich orientierende Erfahrung des »Entzugs« das Doppelwesen der Technik zwischen Katastrophe und Rettung zu durchschauen vermag, denkt Marcuse diese Erfahrung von Leiden und Entzug allerdings wieder aus der freudianischen Perspektive der zivilisatorischen Beherrschung des Eros. Indem die Technologie trotz und wegen der neuen Möglichkeiten der sexuellen Praxis im Spätkapitalismus das eigentliche Wesen des Eros vollends verdeckt und verstümmelt, wird dieser erotische Entzug zum Ausgangspunkt einer möglichen Wende.

Wie bei Martin Heidegger wird auch bei Marcuse der Künstler zum eigentlichen Subjekt einer möglichen Metanoia, der Gewinnung einer neuen Weltsicht. Der Künstler, der mit seiner Fantasie und Imagination den erotischen Erfahrungsgrund seiner Subjektivität ins ästhetische Werk setzt, vermag so nicht nur die Spuren der erotischen Unterdrückung am ehesten zu artikulieren, sondern er allein kann das Geheimnis der technischen Sphinx lüften und als Befreiung der erotischen Fantasie und ihrer Möglichkeiten ins Utopische wenden. Damit übernimmt das ästhetische Subjekt die Aufgabe, die Utopie des häretischen Jesus und des letzten Ödipus mithilfe der technologischen Möglichkeiten ins Werk zu setzen.

Ganz ähnlich wie Heidegger versteht auch Marcuse Dichtung und Kunst als Möglichkeit einer Subjektivität »jenseits des Willens zur Macht«, wie er anhand der Ästhetik Immanuel Kants und Friedrich Schillers, aber auch der Dichtung Paul Valérys und Rainer Maria Rilkes zu zeigen versucht. Marcuse rekurriert auf Kants Begriff des interesselos nur erfahrbaren autonomen Schönen, den Schiller zur Idee vom sich selbst genügenden Spiel erweitert, um im Andenken an das erotische Potenzial der Subjektivität den utopischen Raum einer herrschaftsfreien Erotik zu skizzieren.

Aus dieser ästhetischen Perspektive erfährt der häretische Jesus als der letzte Ödipus zuletzt eine ästhetische Metamorphose, wie dieser ästhetische Ödipus zugleich die eschatologisch-theologische Intention des Messias in sich aufnehmen muss. Ödipus respektive Jesus verwandeln sich jetzt in die poetisch-mythischen Figuren von Orpheus beziehungsweise Narziss, die eine durch Kunst und Poesie sich befreiende Natur symbolisieren sollen: die an sich seiende Natur des Eros »jenseits von Herrschaft und Schuld«. Diese Befreiung betrifft zunächst die Technologie selbst, die bisher Instrument der Herrschaft war und nun zu einer »freien« kreativen Kunst wird, mit der sich das ästhetische Subjekt in seinen erotischen Seinsmöglichkeiten neu entdeckt und in letzter Instanz neu erschaffen – theologisch gesprochen: erlösen – soll.

Kunst eröffnet für Marcuse somit Einsicht in die durch Herrschaft verschütteten Möglichkeiten des Daseins, ist aber darüber hinaus auch schon Imagination einer Realisierung der aus der Technologie sich ergebenden erotischen Möglichkeiten. Sie ist kritische Fantasie, die gegen die herrschaftliche Deformation von Subjekt und Objekt aufbegehrt, indem sie den Eros gegen den Logos ausspielt: »Die kritische Funktion der Phantasie liegt in ihrer Weigerung, die vom Realitätsprinzip verhängten Beschränkungen des Glücks und der Freiheit als endgültig hinzunehmen« (TuG, 130). Als Prinzip der Verweigerung destruiert Kunst die das Realitätsprinzip beherrschenden Formen, Normen und Regeln von Sprache und Kommunikation und erinnert dadurch an die utopischen Potenziale erotischen Seins. Zur ästhetischen Praxis gehört immer schon ein »Bruch«, der die durch Herrschaft entstellten Formen von Kommunikation destruiert, wie Marcuse am Beispiel des Surrealisten André Breton erläutert: Erst mit diesem Bruch zeichnet sich der Horizont einer möglichen Selbsterfahrung – und eschatologisch: der Selbsterschaffung – ab. Zur Dichtung von Paul Valéry und Rainer Maria Rilke schreibt Marcuse: »Das Klima dieser Sprache ist das der ›Tilgung der Spuren der Ursünde‹ – ist die Auflehnung gegen eine Kultur, die auf Mühsal, Herrschaft und Triebverzicht gründet« (TuG, 142).

Poetik, die »den Produktionsprozess zu einem Schöpfungsprozeß« vollendet (VüB, 260), zielt also auf eine radikale Autopoiese des Subjekts. Das setzt voraus, dass die Ästhetik eben nicht in reiner Autonomie »interesselos« und »für sich« steht, sondern dass sie die Grenzen des ästhetischen Spiels längst überschritten hat hin zu einer politisch-erotischen Praxis hier und jetzt. Kunst bezeichnet nicht mehr nur den »interesselosen« und befriedeten Augenblick einer Kontemplation »jenseits des Willens zur Macht« – eines »Wollens des Nichtwollens«, um mit dem späten Heidegger zu sprechen. Sie soll vielmehr ihre utopische Imagination vom befriedeten Subjekt gerade in eine Lebenspraxis und in eine durchaus aktiv »wollende« Politik mit eigenen Strategien der Destruktion und Gewalt umsetzen. Kunst ist eine den ganzen Menschen und die Gesellschaft betreffende kreative Technologie der Umgestaltung der Verhältnisse. In letzter Instanz soll diese kreative Technologie die biologische Triebstruktur des Subjekts verändern, also die Autopoiese sich in einer ästhetisch-biologischen Selbstschöpfung erfüllen.

»Der Aufbau einer solchen Gesellschaft setzt jedoch einen Menschentyp voraus, der sowohl eine andere Sensibilität als auch ein anderes Bewußtsein besitzt: Menschen, die eine andere Sprache sprechen, andere Ausdrucksformen haben, anderen Impulsen folgen«. (VüB, 260)

Es ist nicht schwer, in beiden Aspekten ästhetischen Verhaltens, der Destruktion und der Imagination einer utopischen Befriedung, die zwei Akte wiederzuerkennen, mit denen sich der letzte Ödipus von der doppelten Schuld befreien soll. Die ästhetische Destruktion entspricht der letzten Gewalt gegen die Herrschaft des Vaters, während die ästhetische Utopie das Ideal von deren Suspension imaginiert. Destruktion und Bruch rechnet Marcuse der eigentlichen politischen Aktion zu, während er die erotische Praxis schon als Ausdruck der »neuen Sensibilität« und damit als Veränderung der biologischen Triebstruktur »hier und jetzt« auffasst. Bevor wir die Konsequenzen der ästhetischen Praxis für die Erotik genauer analysieren wollen, gilt es, deren Transposition in die politische Aktion kurz zu skizzieren.

Marcuse formuliert die Transposition der ästhetischen Logik auf das Politische vorzugsweise in Max Webers Begriffen der Legalität und Legitimität. Die ästhetische Destruktion im Zeichen der Utopie wird politisch, indem sie die bestehende Legalität im Namen einer utopisch herrschaftsfreien Legitimität sprengt. Eben weil Politik unter dem Signum der eschatologischen Beseitigung von Herrschaft überhaupt steht, muss sie mit dem demokratischen System brechen: »Folglich wird der Kampf um Änderungen, die über das System hinausgehen, kraft seiner eigenen Dynamik im Sinne des Systems undemokratisch, und von Anbeginn wohnt Gegengewalt dieser Dynamik inne.« (VüB, 299) Da die Befreiung von Herrschaft zugleich aber immer hinter dem utopischen Ziel völliger Herrschaftsfreiheit zurückbleibt, verwandelt sich das Ideal der Freiheit von Herrschaft, jedenfalls solange die der liberalen Demokratie fortbesteht, in einen immer wieder zu wiederholenden Akt der Befreiung durch Gegengewalt.

> »Wenn die Männer und Frauen einmal frei [...] handeln und denken, haben sie die Kette zerbrochen, welche Väter und Söhne von Generation zu Generation verband. Sie haben damit die Verbrechen gegen die Menschheit nicht getilgt, aber sie werden frei sein, ihnen Einhalt zu gebieten und ihre Wiederkehr zu verhüten.« (VüB, 262)

Die ästhetische Revolte des sensibilisierten Subjekts muss sich also, der Eschatologie vom letzten Ödipus entsprechend, in eine permanente Revolution gegen die Väter verwandeln. Folgerichtig ermahnt Marcuse sein Publikum immer wieder, die Revolte gegen die Väter aufzunehmen. Die eschatologische Situation erweist sich als Akt einer letzten Scheidung von Vater und Sohn, Herrschaft und Unschuld, was in letzter Instanz alle politischen Entscheidungen in Mitleidenschaft zieht. Da die Söhne selber schon nicht haftbar sein sollen, weil sie den Zirkel von Gewalt und Gegengewalt durchbrechen, sind nur die Väter zur Verantwortung zu ziehen. So erzeugt diese Schuldlosigkeit des Sohnes eine Potenzierung der Schuld beim Vater, der nicht mehr nur als Feind besiegt, sondern beseitigt werden muss: »[N]icht wir, sondern die Väter sind schuldig; sie sind nicht tolerant, sondern falsch; sie wollen sich von ihrer eigenen Schuld freikaufen, indem sie uns, die Söhne, schuldig machen.« (VüB, 250)

Marcuses Idee einer »Tilgung der Ursünde«, das heißt der »doppelten Schuld« der Ab- und Einsetzung der Herrschaft, eskaliert damit zu einer Art absolutem »ödipalen Ausnahmezustand« gegen das Vaterprinzip. Der Übergang von der Ästhetik zur Politik, der die ästhetische Destruktion der Regel verlängert zum Prinzip der Zerstörung auch der demokratischen Legalität, entspricht zuletzt einer souveränen Dezision im Geiste Carl Schmitts, die ihre Legitimation autopoietisch aus einer letzten metaphysischen Entscheidung zwischen Herrschaft und Unschuld, zwischen Freund und Feind bezieht.

Für Marcuse entspricht die Gegengewalt des Sohnes dabei noch längst nicht dem Ausmaß der geschichtlich angehäuften Gewalt des Vaters. Diese muss zunächst im Maßstab 1:1 durch Gegengewalt »eingelöst« werden, bevor der Sohn ganz in den als ursprünglich imaginierten Zustand der Unschuld zurückkehren kann:

»Wenn die in der kulturellen Herrschaft des Menschen angehäufte Schuld je durch Freiheit eingelöst werden kann, dann muss die Ursünde noch einmal begangen werden. Wir müssen wieder vom Baum der Erkenntnis essen, um in den Stand der Unschuld zurückzufinden.« (VüB, 171)

Der Einzug ins Paradies, das vor und jenseits der realen Geschichte angesiedelt ist und doch in einem Akt der ästhetisch-biologischen Autopoiese ins Werk gesetzt werden soll, erfordert gerade wegen seiner Eschato-Logik einer »Tilgung der Spuren der Ursünde« die Entfesselung einer endlosen Gewalt, womit die Abschaffung der Herrschaft in eine ferne Zukunft rückt.

Marcuses »Anti-Ödipus« bestätigt damit, freilich ohne es zu wollen, den Verdacht Sigmund Freuds, dass der Eros seiner Natur nach im Bund mit Aggression und Gewalt erst durch den mühsamen Zivilisationsprozess domestiziert werden kann und dass die Revolution gegen dieses zivilisatorische Prinzip von Herrschaft und Gesetz zuletzt nur einen Rückfall in den barbarischen Naturzustand auslöst. Trotz aller diskursiven und suggestiven Gegenmaßnahmen, die Marcuse gegen Freuds Reduktion des Eros auf die Aggression mobilisiert, können Schillers Ästhetik des Spiels und Platons Metaphysik des Eros nicht die ihrem Wesen nach gewaltsame Natur dieser erotischen Befreiung verdecken. Wo sich die Technologie als Ausweg anbot, das heißt als der Deus ex Machina zur totalen Befreiung vom Prinzip Herrschaft, da zeigt sich nun, dass die Emanzipation vom Zwang der Naturbeherrschung eben nicht die erotische Natur des Menschen »erlöst«, sondern diese erst recht zur Gewalt verdammt, die auszulöschen sie doch angetreten war.

Damit verbaute sich Marcuses radikale Eschatologie die Möglichkeiten zu einer kritischen demokratischen Praxis von vornherein, die den demokratischen Rechtsstaat als Chance für eine kritische Selbstkorrektur mit demokratischen Mitteln durch die Bürger begreift. Diesem Befund entsprach die politische Situation in der Bundesrepublik Deutschland im Jahr 1969: Die radikale Avantgarde der Studentenrevolte griff ausgerechnet in dem Augenblick zu Terror und Mord, als der damalige Bundeskanzler Brandt in seiner Antrittsrede für mehr Mut zur Demokratie eintrat. Die Baader-Meinhof-Gruppe übersetzte damals Marcuses eschatologischen Dezisionismus gegen das System der Väter unmittelbar in die unerbittliche Tat und denunzierte jede kritische Praxis innerhalb des demokratischen Systems, wie sie der moderate Flügel der Studentenbewegung entwarf, als Verrat.

Die Rückkehr ins Paradies als orgiastisches Endspiel

Die Idee einer ödipalen Unschuld bestimmt also das Ziel dieses radikalen »Ausgangs des Menschen aus seiner selbstverschuldeten Unmündigkeit«. Als radikale Poetik formuliert, soll sie praktisch-politisch werden, um den Menschen von aller Schuld zu befreien. Insofern nun die erotische Praxis nicht nur die bürgerlichen Normen im Namen einer befreiten Sexualität überwindet, sondern schon in die existierende Triebstruktur des Subjekts eingreifen, ja sogar dessen biologische Konstitution utopisch verwandeln soll, entspricht sie der eschatologischen Dimension dieser politischen Theologie.

»Hieraus ergibt sich, daß der radikale Wandel, der die bestehende Gesellschaft in eine freie transformieren soll, in eine Dimension der menschlichen Existenz hereinreichen muß, die in der Marxschen Theorie kaum berücksichtig wurde – die biologische Dimension, in der die vitalen Bedürfnisse und Befriedigungen des Menschen sich geltend machen.«

Es geht also darum, »daß die Revolution [...] kraft dieser biologischen Grundlage die Chance« haben soll, »den qualitativ technischen Fortschritt in qualitativ andere Lebensformen zu überführen« (VüB, 258).

Die ästhetische Grundlegung des Politischen gestattet einen radikalen Strukturwandel der erotischen Praxis. An die Stelle der vom Gesetz der Fortpflanzung funktionalisierten Sexualität tritt eine spielerisch-experimentierende Sexualität. Die Idee des ästhetischen Spiels, wie sie Friedrich Schiller in den Briefen *Über die ästhetische Erziehung des Menschen* als Ideal des sich selbst bestimmenden Menschen entwickelt hat, das sich – anders als bei Kant – nicht mehr der »Neigung«, sprich der Lust und Sinnlichkeit entgegenstellt, soll im erotisch-sexuellen Spiel praktisch werden. »[V]on der unter das genitale Supremat gezwungenen Sexualität zu der Erotisierung der Gesamtpersönlichkeit. Das ist eine Ausweitung statt einer Explosion von Libido.« (TuG, 173) Erotisches Spiel und Experiment sollen einer radikalen »Resexualisierung des Körpers« dienen, für Marcuse die »Wiederherstellung der Urstruktur der Sexualität«. Ziel dabei ist, wie er immer wieder betont, auch hier ein Bruch, nämlich der mit dem »Primat der genitalen Funktion«. Der Organismus soll in seiner Gesamtheit zum »Substrat der Sexualität« (TuG, 176) werden. Ganz abgesehen davon, dass die biologische »Urstruktur der Sexualität« höchstwahrscheinlich der Struktur der Fortpflanzung entsprach, konzipiert Marcuse mit dieser »Urstruktur« eine utopische Idee von Libido, deren »inhärentes Streben nach kulturellem Ausdruck ohne repressive Modifikation [...] genitofugal zu sein« scheint.

Die fraglos reale Möglichkeit des sexuellen Experiments und der spielerischen Integration sogenannter »Perversionen« – wie Homosexualität, Sadismus, etc. – im Sinne einer Pluralisierung und Liberalisierung der individuellen Lebensstile stellt Marcuse von vornherein in einen eschatologischen Horizont: Der »letzte Ödipus« als »häretischer Jesus« soll sich mit dieser Fundamental- und Experimentalerotik selbst neu erschaffen, biologisch transformieren – in theologischer Sprache: selbst erlösen. Heilsgeschichtlich verabsolutiert wird Erotik ebenso wie Politik so überlastet, dass sie sich als reine Gewalt entpuppt. Denn auch die genitofugale Erotik, weit davon entfernt, nur den sexuellen Genuss zu erweitern, entspricht dem eschatologischen Prinzip einer Autopoiese, die Marcuse als eine besondere Form von Apotheose beschreibt. Indem der letzte Ödipus und Gottessohn Jesus seine ästhetische Praxis als Ödipus beziehungsweise Narziss entfaltet, verweigert er sich den herrschaftlichen Gesetzen der genitalen Sexualität, mehr noch: mit dieser genitofugalen Sexualität weigert sich der Sohn, biologisch selbst zum Vater zu werden. So bezwecken

»[d]ie orphisch-narzißtischen […] Urbilder der ›Großen Weigerung‹ […], die Trennung von libidinösem Objekt (oder Subjekt) zu ertragen. […] Orpheus ist der Archetyp des *Dichters als Befreier und Schöpfer:* er richtet eine höhere Ordnung in der Welt auf – eine Ordnung ohne Unterdrückung. […] Er ist der Dichter der Erlösung, der Gott [!], der Frieden und Rettung bringt, in dem er Mensch und Natur nicht durch Gewalt, sondern durch den Gesang befriedigt.« (TuG, 147 f.)

Dieser sich selbst erschaffende Gott von Dichtung und Genuss verweigert mit seiner libidinösen Praxis und Poesie das Zeugungsprinzip und damit die alte biologische Ordnung im Ganzen. Der Ausgang aus der selbst verschuldeten Unmündigkeit gipfelt demnach im Auszug aus der Schöpfungsordnung. Er entspricht einer Totalisierung des Lustprinzips, die sich notwendig »narzisstisch« immer mehr auf das eigene Selbst konzentriert und sich damit der dem biologischen Eros eigenen ethischen Dimension elterlicher Verantwortung und Fürsorge entzieht.

»Wie Narziß verwirft er [Orpheus] den normalen Eros, nicht um eines asketischen Ideals, sondern um eines noch volleren Eros willen. Wie Narziß protestierte er gegen die unterdrückende Ordnung der zeugenden Sexualität. Der orphische und narzißtische Eros ist hier bis zum Ende die Verneinung dieser Ordnung.« (TuG, 148)

Letztlich ist die sexuell-biologische Ordnung »an sich« eine der Unterdrückung, da die Biologie des Vaters unausweichlich nur falsches Handeln bedeuten kann. Die erotische Revolution verwandelt die väterliche Herrschaft in ein nur noch biologisches Prinzip, das faktisch eliminiert werden muss. Damit entfernt sich aber die erotisch befriedete Praxis weit vom naiv-paradiesischen Ideal einer von Herrschaft und Schuld befreiten Sexualität und läuft im Kern auf dieselbe utopisch-metaphysische Gewalt hinaus wie in der politischen Aktion die endlose Gegengewalt gegen den Vater.

Mit der Aufhebung der Generationenfolge, des ödipalen Zyklus, wird das erotische L'art pour l'art, der absolute Genuss des Selbst zur Apotheose eines erotischen Egoismus, dessen Vaterschaftsverweigerung nicht weniger als die geschichtliche Zeit aufheben möchte. Wo Friedrich Schillers Utopie des Homo ludens ein autonomes Gesamtsubjekt der Geschichte imaginiert und dafür die Formel von der »Aufhebung der Zeit in der Zeit« geprägt hat, erweist sich Marcuses erotisch-poetischer Gott Narziss als Metonymie einer Aufhebung der geschichtlichen Zeit. Die erotische Orgiastik mit ihrer Vaterschaftsverweigerung als eschatologisches Programm kann – jenseits ihrer existenziellen Möglichkeiten – nichts anderes als die Apotheose eines egoistischen Selbstgenusses sein, der in einer Inszenierung der sexuellen Leidenschaften und Perversionen den erotischen Kairos als das Ende der Menschheit in einer orgiastischen Selbstvernichtung zelebriert.

In merkwürdiger Verkehrung gleicht dieses eschatologische Subjekt erotischer Erfüllung, der häretische Jesus, in seinen ödipalen, orphisch-narzisstischen Metamorphosen einem negativen Zerrbild des zölibatären Mönchs, dessen Askese ebenso die Generationenfolge und die Schöpfungsordnung im Zeichen der Liebe suspendieren will. Aber anders als Marcuses Gott des Eros, der sich mit seinem selbstbezogenen sexuellen Genuss der Vaterschaft und der Generationenfolge verweigert, meint die Askese des Mönchs die Aufopferung des Selbst für den Anderen im Namen der Liebe und Fürsorge für die bedrückte Kreatur in der von Eros und Macht beherrschten Schöpfungsordnung. Wo mit Marcuses Genese des letzten Ödipus und letzten Erotikers der »Andere«, zumal der »Feind«, eliminiert wird, erweist sich dieser Andere in all seinen Konfigurationen und ohne Ausnahme für den Mönch als der unmittelbare Nächste einer Liebe, die potenziell in Feindesliebe und im Martyrium gipfelt. Marcuses Revolutionär als Sohn, der seinen Vater in einem letzten ödipalen Akt opfert, um die eigenen erotischen Wünsche zu befriedigen, kehrt die universale Praxis des Mönchs um, der sich mit seiner universalen Liebespraxis für Gott und die Menschen opfert. Am Ende verweist diese politische Christologie mit ihrer Eschatologie der vollendeten Negation immer wieder auf dasjenige christliche Dogma, dem sie sich in Gestalt des häretischen Jesus eben immer wieder nur verweigern kann.

Das postmessianische Schicksal der drei regionalen Eschatologien

Marcuse entfaltete seine politische Theologie auf drei regionalen Ebenen: in einer politischen, einer ästhetischen und einer erotischen Eschatologie. Sofern die radikal messianische Form dieser politischen Theologie nicht überhaupt obsolet ist, lebt sie heute noch in ästhetischen und philologischen Denkformen, die den eschatologischen Kern neutralisiert haben. Die politische Eschatologie hat sich in die ästhetische Praxis zurückgezogen. Obwohl Marcuses erotische Variante nach der sexuellen Revolution alle Symptome einer Erschöpfung zeigt, könnte ihre Rekonstruktion in der gegenwärtigen Diskussion über das »Ende des Eros« eine interessante Rolle übernehmen.

Die politische Theologie

Mit dem terroristischen Finale der radikalisierten Studentenbewegung im sogenannten Deutschen Herbst 1977 war die revolutionäre Verbindung von Politik und Eschatologie widerlegt. Die studentischen Rebellen verabschiedeten damals Marcuses politische Theologie und machten sich entweder mit Jürgen Habermas die Praxis einer kritischen Intervention in der Gesellschaft zu eigen und versöhnten sich über die Liberalisierung und Pluralisierung individueller Lebensstile mit der bestehenden Demokratie, oder hielten an der Idee einer globalen Revolution fest, zogen sich aber, nachdem diese vorerst gescheitert war, ins Private und in zivilere Formen der Verweigerung zurück – bis zur Zuflucht in Kunst und Philosophie. Damit war Marcuses politische Theologie »erledigt«.

Die ästhetische Eschatologie

Diese Neuorientierung führte nicht, was nahegelegen hätte, zurück zu den Lehrern der ersten Stunde, zu Theodor W. Adorno und Max Horkheimer, die vor eschatologischen Aktionen immer wieder gewarnt hatten, sondern zu einer beispiellosen Renaissance von Walter Benjamin, die bis heute anhält. Benjamins Denken enthielt gerade, weil es sich ästhetisch unentschieden zwischen Politik und Theologie, zwischen geschichtlicher Aktion und messianischer Intervention bewegte, den Schlüssel zu einer posteschatologischen Praxis. Das gestattete es sowohl Anhängern des Reformkurses wie auch verhinderten Revolutionären, eine revolutionäre Rhetorik zu pflegen, ohne sie praktisch bewähren zu müssen. Das neue Leben im Aufschub bezeichnete für Reformer wie Joschka Fischer und Otto Schily den Augenblick ihres Einzugs in den Bundestag, während für verunsicherte Revolutionäre die Rückkehr in den Seminarraum, von dem die Revolte ihren Ausgang genommen hatte, näherlag. Das nunmehr einsetzende akribische Studium von Benjamins Schriften ersetzte die politische Aktion durch ästhetische Interpretation und Philologie. Sie kulminieren in Giorgio Agambens virtuosen philologischen Interventionen in die Abgründe der politischen Theologie und die politische Ökonomie, die aber die Suspension der revolutionären Eschatologie bestätigen.

Die erotische Eschatologie

Marcuses Aktualität scheint hier darin zu bestehen, dass seine Dialektik des Eros die aktuelle Diskussion über das mögliche »Ende des Eros«, wie ungewollt auch immer, vorweggenommen hat. Es bedarf keiner so dramatischen Diagnose wie der des Phänomenologen Jean Luc-Marion, der in *Le Phénomène érotique* behauptet, dass die Moderne an einer radikalen Liebesvergessenheit leidet, um die Symptome der seit dem 18. Jahrhundert wirksamen Dialektik der Autonomisierung und Emanzipation des Eros zu erkennen. Während der Sexologe Volkmar Sigusch heute den Umschlag der sexuellen Revolution der 1960er Jahre in Herrschaft, Gewalt und sexuelle Abstinenz als Symptome für den bevorstehenden Tod des Eros beschreibt, klagt der Philosoph Alain Badiou über den Verlust der Liebe in einer radikal-kapitalistischen sexuellen Konsumhaltung. Sie geht »kein Risiko« ein und klammert mit einer narzisstischen Reduktion des Eros auf das eigene Selbst und den eigenen Genuss den Anderen tatsächlich aus. Die Symptome dieses Endes scheinen ohne Einsicht in die eschatologische Tiefendimension der Autonomisierung des Eros kaum verständlich. Statt einer Geschichte der modernen Liebesvergessenheit könnte eine kritische Archäologie des Eros diese »Logik des Verschwindens« aus den eschatologischen Bedingungen rekonstruieren, die Marcuses genitofugale Erotologie und politische Utopie des Eros geschaffen haben.

Kairos und Krise – Ernst Blochs Philosophie der eschatologischen Formen und die Aporie des messianischen Augenblicks

Politische Christologie zwischen Jesus und Moses

»Euer Vater ist ein Mörder«. Diese skandalöse Anschuldigung Jesu gegen die ihn umringenden Juden aus dem Johannesevangelium (Kap. 8, 44) steht bei Ernst Bloch für die Rebellion des Gottessohnes gegen die Religion des Vaters und seine herrschaftliche Schöpfungsordnung (PH 3, 1498). Jesus wird bei Bloch zum Archetyp einer politischen Theologie der Revolution, die das Reich Gottes durch den Menschen verwirklichen will. Bloch erkennt in dieser Erhebung das Urbild einer Rebellion, die mit Moses' Auszug aus der ägyptischen Sklaverei beginnt, von Thomas Münzer, dem Theologen der Revolution, aufgenommen und von Karl Marx auf ihren revolutionären Begriff gebracht wird. Bloch adoptiert die trinitarische Geschichtstheologie des Joachim von Fiore, um Moses, Jesus und Thomas Münzer als Repräsentanten der drei Reiche von Vater, Sohn und heiligem Geist einander gleichzustellen (PH 3, 1498–1503). Erscheint der Aufstand des Gottessohnes gegen Gottvater in der zitierten Bibelstelle zunächst in einem antijüdischen Kontext, so wird dieser Eindruck durch die eschatologische

Gleichstellung von Exodus, Kreuzestod und Revolution zum Modell für alle revolutionären eschatologischen Traditionen: das utopische Wesen der in Vater, Sohn und heiligem Geist personalisierten Traditionen.

Eben weil Jesus ein umfassendes eschatologisches Symbol für die Menschwerdung Gottes und die Gotteswerdung des Sohnes darstellt, also die Identität von Theologie und Anthropologie verkörpert, steht er im säkular-philosophischen Diskurs für eine existenzielle Anthropologie, die Bloch mit der Kategorie des Lebens beschreibt. Wird diese von Blochs Lehrer, dem Lebensphilosophen Georg Simmel, aus der Perspektive eines tragischen Konflikts zwischen Leben und Form konzipiert, weil das in seiner Intention auf »Unendlichkeit« angelegte Leben in der notwendig endlich-begrenzten Form nicht aufgehe, denkt Bloch »Leben« aus einer radikal messianischen Perspektive (PH 1, 335–349). Es zielt mit der Destruktion der entfremdeten Lebensform auf »Erfüllung« und Selbstentsprechung. Indem die im »Dunkel des gelebten Augenblicks« immer schon treibende messianische Intention die jeweilige Lebensform hin zur Selbsterfüllung im absoluten Augenblick transzendiert, steht das Leben bei Bloch im Ganzen für eine Dekonstruktion des hegelschen Systems. Dessen verkehrte Synthese von Subjekt und Objekt als Reflex bürgerlich-kapitalistischer Herrschaft muss destruiert werden, um die wahre Entsprechung des Lebens mit sich selbst hervorzubringen. Wo bei Hegel die theologische Trinität als Symbol für die durchdachte Versöhnung von Subjekt und Objekt steht, will Bloch sie als radikal utopisches Wesen retten.

Gerade weil er auf der politisch-theologischen Immanenz besteht, erweist sich diese Utopie einer wahren Selbstentsprechung des Lebens als »Grenzbegriff«, der mit jeder Realisierung deren Scheitern und Unmöglichkeit indiziert, sodass sie wieder nur »messianisch« in der Zukunft verwirklicht werden kann. Die von der Lebensphilosophie als tragischer Konflikt beschriebene Spannung von Leben und Form wiederholt sich so auf absoluter Ebene: Der Unendlichkeit des Lebens vermag keine Totalität zu entsprechen. Die logisch-ontologische Aporie von Leben und Form stellt sich auf der eschatologischen Ebene entweder als permanente Destruktion und Gewalt oder als permanenter Aufschub dar – als Gewalt, weil jede Begrenzung destruiert werden muss, als Aufschub, weil die Unmöglichkeit der Erfüllung im Augenblick auf den nächsten Augenblick als vielleicht doch noch mögliche Realisierung verweist.

So wird Blochs messianisches Denken zum Indiz für eine absolute Krise des Kairos, die er vor allem in zwei Strategien zu kompensieren versucht:

Die Aporie des Augenblicks wird erstens implizit zum Wesen jedes Augenblicks und ermöglicht so die Reflexion über das in der Geschichte immer schon präsente Potenzial, die Zukunft in der Vergangenheit, die aber als stets verfehlte nur »anwesen« kann. Die Aporie des absoluten Augenblicks führt so zu einer Historie aus eschatologischer Perspektive. Andererseits nimmt Bloch diese Aporie zum Anlass für die Flucht in eine absolute Zukunft, die er in einer hypermessianischen Gestalt der Gnosis erschließen will. Der absoluten Vergangenheit steht also eine absolute Zukunft gegenüber, die Bloch mit seiner eschatologischen Insistenz auf dem Prinzip der Immanenz als gleichsam rein futurisches Wesen von Natur und Schöpfung hypostasiert. Er greift auf die gnostische Theologie des Marcion vom ganz anderen Gott zurück (PH 3, 1499 f.; AiC, 198–203), der unter den häretischen Bedingungen für den ganz anderen Menschen, den, wie er ihn nennt, »Homo absconditus« steht.

Die Krise des messianischen Kairos dokumentiert sich zuletzt also in einer Dissoziation von Vergangenheit, Gegenwart und Zukunft. Mit der Aporie des Augenblicks zerfällt deren Kontinuität in unvermittelte Zeitblöcke von Vergangenheit und Zukunft, an deren Bruch sich Blochs messianischer Enthusiasmus abarbeitet.

Die folgenden Überlegungen analysieren Blochs Denken von der Kategorie des Lebens als seinem archimedischen Punkt in fünf Schritten: Zuerst soll der messianische Lebensbegriff, dann seine »Philosophie der eschatologischen Formen« und der utopische Wahrheitsbegriff der Kategorie des Lebens rekonstruiert werden, um von dort aus das Problem dieser Wahrheit als Grenzbegriff und Aporie und die Gnosis als Ausflucht vor diesem Begriff zu beleuchten. Die Untersuchung schließt mit einer Reflexion über die psychologische Evidenz seiner utopischen Trinität im Kontext der Studentenrevolte und ihrer Nachgeschichte.

Das »Dunkel des gelebten Augenblicks«

Das Leben ist bei Ernst Bloch – wie bei den Vitalisten Henri Bergson und Georg Simmel – eine zentrale Kategorie. Es versucht sich als ihm selbst undurchsichtiger »Lebensdrang« (Élan vital) in Sprache, Institutionen und Lebensmöglichkeiten zu verwirklichen. Leben entäußert sich also in diesen Formen und erfährt sich als entfremdet, sobald diese ihm nicht mehr entsprechen. Diese Entfremdung bewirkt Kritik, Modifikation oder gar Destruktion dieser Formen, worauf deren neue geschaffen werden müssen. Leben setzt mithin die Dialektik von Leben und Form, von Subjekt und Objekt in Bewegung und treibt immer schon über eine spezifische Lebensform hinaus. Es befindet sich, wenn es als undurchsichtiges seiner selbst bewusst werden will, zunächst im »Dunkel des gelebten Augenblicks«, ist damit aber immer auch auf Selbsterfüllung hin angelegt, das heißt auf eine Konkretisierung seiner Möglichkeiten, die es zugleich immer wieder zu angemesseneren Möglichkeiten hin überschreitet. Eben weil diese Selbsterfüllung auch die soziale und ontologische Verfassung des Lebens betrifft, transzendiert sie als Intention von Glück die individuell-existenzielle Dimension des Lebens.

Wo die Lebensphilosophie von Blochs Lehrer Georg Simmel aus der Dichotomie von Leben und Form, Leben und Symbol, Nietzsche folgend eine Tragödie der Kultur konstatiert, weil das Leben die Formen erzeugt, die es früher oder später in Fesseln legen, versteht Bloch diese Tragödie als dialektisches Stadium der Subjekt-Objekt-Konstellation auf dem Weg zur messianischen Erfüllung einer Entsprechung zwischen Leben und Form. Er versucht also, mit Hegel die Dichotomie von Leben und Form als eine Dialektik zu denken, die dessen System als eine verfehlte Konstruktion jener Entsprechung sprengt und zugleich die wahre *adaequatio* auf der höchsten messianischen Ebene wiederherstellen soll. Diese Dekonstruktion der hegelianischen Dialektik erweitert den Lebensbegriff über die existenziell-individuelle Schranke hinaus zum metaphysischen Grund des messianischen Prozesses selbst. Das »Dunkel des gelebten Augenblicks« umschließt das individuelle Leben als Indiz für die Dunkelheit des Seins im Ganzen, beide stehen im Zeichen ihrer bevorstehenden »Lichtung«. Zugleich wirft diese Dekonstruktion des Systems die Frage auf, wie eine solche eschatologische Lichtung möglich sein soll, gerade wenn sie der »saturierten« Intention des Lebens mit seiner intentionalen Überfülle entsprechen soll. Die mögliche Identität von Unendlichkeit und Totalität bezeichnet Bloch als »Grenzbegriff«, ohne freilich dessen Aporetik explizit zu benennen: »Ein Menschsein, das in seinem Daseinskreis mit nichts ihm Fremden mehr behaftet ist, ein Realisierendes, das selber realisiert ist: dieses ist der Grenzbegriff der Verwirklichung als Erfüllung.« (PH 1, 349)

Bloch setzt also bei der existenziellen Erfahrung des Lebens im »Dunkel des gelebten Augenblicks« an und interpretiert dessen »saturierte« Intentionalität als Indiz für seine messianische Verfassung. Der Überfülle der subjektiven Intention soll ein Phänomen utopischer Erfüllung entsprechen, das heißt ein nicht mehr entfremdetes Subjekt-Objekt, in dem sich das »Dunkel des gelebten Augenblicks« »lichten« soll.

»Das Leben des Jetzt, das eigentlichst intensive, ist noch nicht vor sich selbst gebracht, als gesehen, als aufgeschlossen zu sich selbst gebracht; so ist es am wenigsten Da-Sein, gar Offenbar-Sein. Das Jetzt des Existere, das alles treibt und worin alles treibt, ist das Unerfahrenste, was es gibt; es treibt noch ständig unter der Welt.« (PH 1, 341)

Im »Dunkel des gelebten Augenblicks« schlägt sozusagen das mystische Herz, das auf eine messianische Zeit in und jenseits der Chronologie verweist, auf den Augenblick der Erfüllung, den Bloch gerne mit der faustischen Formel »Verweile doch, du bist so schön« umschreibt. Er wendet sich polemisch gegen Heideggers ontologisch bestimmten Begriff des Daseins als Wahrheit und Offenbar-Sein und definiert dieses allein aus der Perspektive der messianischen Erfüllung, die im Jetzt der gegebenen Seinsverfassung noch nicht »da« und »offenbar« sein kann.

Leben Jesu und Blochs Philosophie der eschatologischen Formen

Das messianische Leben findet bei Bloch seine theologische Entsprechung in der messianischen Mission des Gottessohnes Jesus, dessen Auflehnung gegen die Herrschaftsordnung des Vaters dort als Urmodell für alle Eschatologien fungiert. Jesus starb nicht nur »als Rebell und Märtyrer« (PH 3, 1490), sein Leben gilt Bloch als Inbegriff aller politisch-theologischen Rebellionen der Geschichte. »Der alte ›Tag Jachwes‹ am Ende der Zeit wird im vierten Evangelium zu einer Parusie Christi angesetzt, also des Menschensohns, der ohne Jachwe ist, durchaus A-Kyrios, also A-Theos zugleich.« (AiC, 218) Das messianische Leben und das Leben Jesu stehen für die zwei aufeinander bezogenen Diskurse von Theologie und Philosophie, sie symbolisieren dieselbe »saturierte« Intention, die alle eschatologischen Intentionen bis hinein in die messianischen Gegensätze in einer letzten absoluten Einheit als messianische Coincidentia Oppositorum zusammenfasst.

Das im »Dunkel des gelebten Augenblicks« auf seine Erfüllung ausgerichtete Leben ist wie die Biografie von Jesus die Urform für alle Messianismen, die diese Erfüllung in der Geschichte realisieren wollen – als Reich Gottes. Dieses messianische Leben wird mit seiner vorläufigen Unbestimmtheit und Offenheit zum utopischen Grund aller historischen Eschatologien erhoben. Ähnlich wie Ernst Cassirer seine *Philosophie der symbolischen Formen* auf dem seiner selbst undurchsichtigen Begriff des Lebens begründet, das sich in den verschiedenen Symbolordnungen erst darstellen und erfassen kann, erkennt Bloch im messianischen Lebensbegriff den Brennpunkt aller dieser eschatologischen Symbolsprachen.

Mit seinem Vorbild, dem politischen Theologen Thomas Münzer, versucht Bloch von dieser messianischen Intention des Lebens auf Reichszeit her alle eschatologischen Traditionen als einander gleichwertige Traditionen zu adoptieren. Die joachitische Apokalypse wird dabei für beide zum Paradigma, weil mit ihr die drei eschatologischen Traditionen des Judentums, des Christentums und der Moderne einander gleichgestellt werden. Alle drei richten sich auf die Errichtung des Reichs Gottes, das in der joachitischen Apokalypse als drittes Reich des Heiligen Geistes auf das erste des Vaters und das zweite des Sohnes folgt. Der Trinität und Sukzession dieser drei Reiche entsprechen die drei verschiedenen religiösen Traditionen, die sich in der jüdischen, christlichen und pneumatischen Eschatologie auf gleiche Weise artikulieren sollen. Münzer und Bloch interpretieren diese Abfolge somit nicht als einander potenziell aufhebende Eschatologien, sondern als drei simultan wirksame Formen derselben eschatologischen Zielsetzung, deren Verwirklichung in dem joachitischen dritten Reich der Erlösung noch aussteht. In diesem Sinn stellt Bloch für Münzer fest:

»Noch unerhört wartet die unterirdische Geschichte der Revolution, bereits begonnen im aufrechten Gang; aber die Talbrüder, Katharer, Waldenser, Albigenser, Abt Joachim von Calabrese, die Brüder vom guten Willen, vom gemeinsamen Leben, vom vollen Geiste, vom freien Geiste, Eckart, die Hussiten, Münzer und die Täufer, Sebastian Franck, die Illuminaten, Rousseau und Kants humanistische Mystik, Weitling, Baader, Tolstoi – sie alle vereinigen sich, und das Gewissen dieser ungeheuren Tradition pocht wieder durch gegen die Angst, Staat, Ungläubigkeit und alles Obere, in dem der Mensch nicht vorkommt. [...] Münzer mit allen Chiliasten bleibt Rufer auf dieser stürmischen Pilgerfahrt.« (TM, 228 f.)

Die Einheit der eschatologischen Traditionen ergibt sich also aus der Utopie des nicht mehr entfremdeten Lebens, wobei alle diese Traditionen im Zeichen einer »Säkularisation« versammelt sind. Diese zielt nicht auf die Loslösung von der Religion, sondern auf deren Übersetzung und geschichtliche Realisierung durch den Menschen. Bloch definiert dieses eschatologische Programm gerne mit den Worten Hegels, es gelte, »die ›Schätze, die an den Himmel verschleudert worden sind, als Eigentum des Menschen zu vindizieren‹.« Bloch erläutert: »Dergestalt daß der erstaunlichste Befehl zur Himmelsplünderung ergeht, das ist, zur Anthropologisierung des unverrotteten Religionsinhalts.« Diese auf dem noch offenen Wesen des Lebens begründete »Säkularisation« als Restitution der theologischen Schätze entspricht der Definition der Eschatologie als »häretisch«, was die Rebellion des Menschen beziehungsweise Menschensohnes gegen das Königtum Gottes bedeutet.

Die Pointe dabei besteht nicht nur in der Gleichberechtigung der Eschatologien, sondern vor allem in der Parallelisierung der jüdischen und der christlichen Heilslehre für diese »Häresie« der Moderne. Ernst Bloch verifiziert diese Parallelisierung anhand Thomas Münzers, der seine Theologie der Befreiung und Inspiration durch den heiligen Geist ebenso als mosaischen Exodus wie als christliche Auferstehung auffasst. Bloch aktualisiert diese Parallele in seinem Buch über Thomas Münzer am Beispiel der jüdischen Mystik, die von der Stadt Safed (Zfat) ihren Ausgang nahm, und der joachitischen Apokalyptik:

»Diese [die Kabbala] selber war damals von Safed aus, der heiligen Stadt des Kabbalismus, im Norden des Tiberiasees, determiniert. Hier erst recht erwartete man, aus Leid und Schmach und ungeheuerstem Grimm, den messianischen Rächer, der

Kaisertum und Papsttum stürzt, wie sie beide nur der Sünde Israel ihr sperriges Dasein verdanken, und Olam-ha-Tikkun, das wahre Gottesreich, herbeizwingen wird, Realität des dritten Evangeliums, die Allgegenwart des Herrn. Dazu noch, seltsam instrumentiert, von den Sternen selber erregt, gewiesen, gelehrt, gefordert – das ganze Weltall schien von ihr wiederzuhallen –, brach die Prophetie Joachims von Fiore, die vom nahen Anbruch eines dritten, letzten Evangeliums, in die Zeit. Es ist der gleiche Abt Joachim vom zwölften und dreizehnten Jahrhundert, der den Kaiser Friedrich II. bereits als Volksretter prophezeit hatte, der vor allem aber als Prophet eines dritten Reichs (nach den Reichen des Gesetzes = Staat, der Gnade = Kirche) kaum überschätzbar ins Hussiten- und Bauernkriegsjahrhundert wirkte. Die echten und die viel zahlreicheren nachgemachten Schriften Joachims lehrten das Reich dieses dritten und letzten Evangeliums als das des bevorstehenden Pfingstfestes, das ist: der Erleuchtung und Befreiung aller Mühseligen und Beladenen durch den Heiligen Geist und die herrenlose Gemeinschaft in ihm.« (TM, 58f.)

Die Parallelisierung der jüdischen und christlichen eschatologischen Traditionen wird hier zum Modell für eine Parallelisierung aller eschatologischen Traditionen, und sie wendet sich gegen die für die Moderne typische Logik einer doppelten Aufhebung, die sich aus den meisten modernen Adoptionen der joachitischen Reichsmystik ergibt. So wie das Christentum die Wahrheit des Judentums, das Gesetz – das Reich des Vaters –, messianisch in der Liebe – das Reich des Sohnes – aufhebt, so soll die Aufklärung – das Reich des Heiligen Geistes – die Wahrheit des Christentums eschatologisch durch die Vernunft aufheben. Dieser Vorgang entspricht einer Negation, die zum ersten Mal vom jüdischen Philosophen und Kantianer Saul Ascher als Paradigma eines modernen Antisemitismus kritisiert wurde. In beiden Fällen, seiner Aufhebung durch das Christentum und die Aufklärung, komme das Judentum in seiner eigenen eschatologischen Dimension nicht mehr vor, erst recht, wenn Kant und Fichte seine Aufhebung durch die Aufklärung nicht für möglich hielten. In der nationalsozialistischen politischen Theologie vom dritten Reich wurde die joachitische Tradition vollends zu einer liquidatorischen Eschatologie der deutschen Herrenrasse entstellt. Blochs Adoption der Reichstheologie muss, so skandalös sie in diesem Kontext erscheint, als eine radikale Kritik an allen Formen einer »eschatologischen Exklusion« verstanden werden. Sie zielt darauf ab, alle partikularistischen Reichslehren zu destruieren, um sie auf universalistischer Grundlage zu retten. Bloch provoziert und riskiert die rhetorische Nähe zur nationalsozialistischen Rhetorik offenbar absichtlich, um vor diesem schwarzen Kontrast seine eigene politische Theologie der messianischen Koalition von Judentum, Christentum und Revolution umso schärfer abzuheben.

Dabei will er mit seiner inklusiven joachitischen Theologie nicht nur die drei »Evangelien« auf messianischer Grundlage integrieren, sondern es geht ihm zuletzt tatsächlich um die Rekonstruktion des Theologumenons von der Trinität von Gottvater, Gottessohn und heiligem Geist auf radikal utopischer Grundlage, und das heißt auch hier als Wesen des erfüllten Lebens. Bloch argumentiert gleich einem orthodoxen Theologen auf dem im Jahr 325 n. Chr. abgehaltenen Konzil von Nizäa gegen den »Arianismus«, der das Verhältnis des Sohnes zum Gottvater als Gottähnlichkeit und nicht als Wesensgleichheit begreift, um von Letzterer aus die Einheit von Vater und Sohn in den utopischen Begriffen einer wahren Menschwerdung zu beschreiben:

»Bloße Gottähnlichkeit hatten die Arianer behauptet, und mit ihr wäre ja kein Selbsteinsatz des Menschensohns in den Vater, keine Leuchte des Lamms und seiner Stadt als göttliche Herrlichkeit selber behauptbar gewesen. Statt dessen hat gerade eine Orthodoxie, indem sie auf dem Konzil von Nikäa die arianische Lehre verdammte und die Lehre des Athanasius von der Homousie mit dem Vater kanonisierte, dem Christus den angegebenen, den revolutionärsten Topos gebilligt, den je ein Stifter, je eine Parusie innehatte.« (AiC, 191 f.)

Mit der Einheit der Eschatologien, die Bloch mit den drei Religionen beziehungsweise Evangelien des Vaters, des Sohnes und des Heiligen Geistes konstruiert, wird also deren joachitische Abfolge zu der heilsgeschichtlichen und »ökonomischen« Außenseite der Trinität, die sich in ihrer »Immanenz« als utopisches Wesen erfüllt. Erst wenn der Sohn selbst im Sinne der nizänischen Orthodoxie wieder göttliche Person wird, ist die revolutionäre Selbstbefreiung in der Einheit der eschatologischen Traditionen von Judentum, Christentum und Revolution messianisch »zu Ende gedacht«. Was Bloch als Anthropologisierung der Theologie beschreibt und was dem Begriff der Säkularisation entspricht, kann letztlich nur als eine radikal politische Theologisierung der Anthropologie begriffen werden. Dieser revolutionären Geschichtstheologie entspricht immer schon eine utopische Koalition, die sich in der immanenten Trinität verwirklichen soll, womit Theologie und Anthropologie, der messianische Lebensbegriff und das Leben Jesu, gleichsam »wesensgleich« werden.

Zugleich aber soll dieser Selbsteinsatz des Menschensohnes in Gott mit der Parusie das wahre Leben des Menschen ausdrücken, und das heißt für Bloch: das wahre Leben nach dem Tod Gottes. »Das geht auf, unvermeidlich, wenn die Kategorie Menschensohn in mythische, aber auch mystische Wunschmysterien eingeht, und macht, daß Christimpuls leben kann, auch wenn Gott tot ist.« (AiC, 192) Dieser Widerspruch ist bei Bloch Indiz für seine spezifische Interpretation der »Säkularisation«: Mit der Rebellion des Gottessohns gegen Gottvater und seine Ordnung soll ebenjene beseitigt werden, damit die wahre Ordnung des Gottes- und Menschensohns an seine Stelle treten kann. Nietzsches berühmtes Wort vom Tod Gottes bezieht sich bei Bloch nur auf das Regime des Gottvaters, das mit der Auferstehung und der Apotheose des Menschen fällt: »Atheismus mit konkreter Utopie ist im gleichen gründlichen Akt die Vernichtung der Religion wie die häretische Hoffnung der Religion, auf menschliche Füße gestellt.« (AiC, 266)

Das Eschaton als Entsprechung und Wahrheit des Lebens

In allen eschatologischen Traditionen versucht Bloch nicht nur die Idee einer atheistischen Erfüllung und Lichtung des Lebens aufzuspüren, sondern er denkt diese Erfüllung als ein existenziell-politisches, in letzter Instanz kosmisches Ereignis. Das Leben erfüllt sich im Kairos der Reichszeit. Das bedeutet zunächst, dass es sich individuell existenziell erfüllt und, um mit Marx zu sprechen, alle Verhältnisse überwindet, »in denen der Mensch ein erniedrigtes, ein geknechtetes, ein verlassenes, ein verächtliches Wesen ist« (PH 1, 308). Die existenzielle Perspektive ist der Ausgangspunkt für eine Dynamik, die auf eine Lebensform ohne Herrschaft und Entfremdung zielt. So ist das existenzielle Leben immer schon auf eine

Rebellion gegen die bestehende sozial-politische Lebensform angelegt, um diese auf einer höheren Ebene so wiederherzustellen, dass Leben und Form versöhnt sind. Mithin zielt das Leben immer schon auf eine Versöhnung mit sich selbst, mit der Gesellschaft und, wie noch zu zeigen sein wird, auch mit der Natur. Die eschatologische Vision vom Menschensohn beziehungsweise von der utopischen Trinität der drei eschatologischen Personen entspricht der philosophischen Konfiguration einer Identität des Lebens mit seinem Anderen, die Bloch oft mit dem Begriff der »Entsprechung« beschreibt. »Das Entsprechende ist als solches nicht selber ausgemacht und garantiert, es ist nicht empfangend, gar lösend, aber es ist seines Möglichen gegenwärtig und so immer als gegenwärtig empfangend.« (PH 1, 325)

Die subjektive »Empfänglichkeit« verweist so von Anfang an immer schon auf die objektive Möglichkeit, als deren Pendant, Moment und Korrelat das Leben sich erst erfüllen kann. »Das Offene ist ebenso in den Dingen, an ihrem vorderen Rand, dort, wo noch Werden möglich ist […] ein uns möglicherweise Entsprechendes […] weitergeht.« (PH 1, 335) Bloch denkt diese Bewegung des Lebens gegen seine verkehrte Form und Sedimentierung im Licht einer Entsprechung von Leben und Form aus der existenziellen wie aus der marxistischen Kritik Hegels und der kapitalistischen Gesellschaft. Der Existenzialismus Kierkegaards und die politische Ökonomie von Marx bilden die Korrelate für die Systemkritik und Idee einer utopischen Entsprechung. Bloch verwendet einen Begriff des »Offenen«, den er ähnlich wie Heidegger aus Hölderlins Dichtung übernimmt.

Kierkegaards existenzielle Kritik am System entzündete sich an Hegels Versöhnung von Individuum und Allgemeinem, Subjekt und Objekt. Die Idee eines abgeschlossenen Systems, das sich in der Geschichte dialektisch als sich selbst bewusster Begriff entfaltet, bedeutete ihm das Ende der individuell besonderen Existenz, die als Freiheit, Möglichkeit und Entscheidung eben nicht abgeschlossen, sondern als Leben wesenhaft zukünftig und offen war.

»Hegel wird kritisiert, weil er sich aus diesem Lebendigen, Unmittelbaren, Augenblicklichen völlig herausprozessiert. Statt der brennenden Sorge des Augenblicklichen erscheint bei ihm das Vergangene als eines, das uns nicht mehr angeht.«

Mit Kierkegaard will Bloch zum archimedischen Ausgangspunkt des Lebens im »Dunkel des gelebten Augenblicks« zurückkehren, nicht, um es von Geschichte und Gesellschaft zu isolieren, sondern um es als Entsprechung und Versöhnung von Innerlichkeit und Auswendigkeit zu denken.

»Wo es auf eine solche Art von Selbstbegegnung zugeht, hört das Sich-selbst-in-Existenz-Verstehen auf, Innerlichkeit zu bleiben, und die Außenwelt hört auf, gegen unsere dämmernde Wertangelegenheit unfreundlich, unwirtlich, unvermittelbar zu erscheinen.« (PH 3, 1580)

Mit der Destruktion des Systems zielt der Rückzug des Lebens schon auf eine wahre Entsprechung, die Bloch aus Marx' objektiver Systemkritik zu denken versucht. Die existenzielle Kritik bezeichnet zwar den Ausgangspunkt, sie bedarf aber der objektiven Ergänzung. Das existenzielle und das sozialpolitische Moment sind zwei Aspekte derselben Strategie des Auszugs aus allen menschenunwürdigen Verhältnissen. Die Dekonstruktion von Hegels System als Symptom für die bürgerlich-kapitalistische Gesellschaft entspricht dieser Konstellation von Kierkegaard und Marx, deren Sinn die utopische Entsprechung von Leben und Form, Unendlichkeit und Totalität ist. Die Entsprechung ist die philosophisch-dialektische Formel für alle religiösen und politischen Eschatologien, ihr messianischer Wahrheitsbegriff.

Eben dieser Begriff der Wahrheit als ausstehende Entsprechung weist die bisherige Geschichte der dialektischen Vermittlungen in eine vorläufige Geschichte, eine Art Traum, den Bloch mit Marx einmal so beschreibt: »Es wird sich dann zeigen, daß die Welt längst den Traum von einer Sache besitzt, von dem sie nur das Bewußtsein besitzen muß, um sie wirklich zu besitzen« (zit. nach PH 3, 1613). Die eigentliche Traumdeutung versteht sich nun nicht als Entzifferung vergangener Erlebnisse und Ereignisse, sondern sie soll die Wissenschaft von einer objektiv möglichen Zukunft sein: eine Zukunftswissenschaft. Mit der politischen Ökonomie soll der objektive Gehalt des Traumes erschlossen und die Zukunft als objektive Möglichkeit erkennbar werden. »Indem aber Zukunft derart zur Aktualität gehört, nimmt auch sie, die Zukunft, mit allen ihren Vordergrunds- und Horizont-Objektivitäten am Dunkel des gelebten Augenblicks teil.« (PH 1, 346) Aber der »noch nicht da-seiende, noch nicht herausgebrachte Zielinhalt des Existierens selber« (PH 1, 347) muss im Sinne der marxistischen Strategie durch den Menschen selbst hergestellt werden:

»[D]en Erzieher selbst zu erziehen, […] den Realisierenden selbst zu realisieren, darauf gehen alle humanistischen Wunschträume; sie sind die radikalsten wie die praktischsten. *Wachsende Selbstvermittlung des Herstellers der Geschichte.«* (PH 1, 349; Hervorhebungen im Original)

Wo die existenzielle Inwendigkeit sich für die Möglichkeit offen hält, das Leben im Ganzen einer Empfänglichkeit für die Selbstentsprechung gleichkommt, verwandelt sich diese Empfänglichkeit über die marxistische Rhetorik nun ganz in einen Akt der aktiven Selbstproduktion. Das Leben produziert sich selbst als seine ultimative Selbstentsprechung. Es soll den Vorraum der Geschichte entschlossen durchschreiten und verlassen. Das Eschaton steht ganz in der Verfügung des Subjekts.

Tatsächlich meint diese Selbstproduktion des Lebens nicht nur den Akt einer sozial-technischen Produktion, sondern sie hat diese soziale Dimension schon hin zur Schaffung einer neuen Natur des Menschen überschritten. »Die vergesellschaftete Menschheit im Bund mit einer ihr vermittelten Natur [!] ist der Umbau der Welt zur Heimat.« (PH 1, 334) Unter der Hand vollzieht Blochs Zukunftswissenschaft den Sprung von der sozialen Welt zur Natur, die Idee der Produktion wird zum ökonomischen Paradigma einer Selbsterzeugung, in der die Möglichkeit der Entsprechung dann zu einer aus dem Prozess abzuleitenden Notwendigkeit zu werden scheint. Damit wird die kapitalistische Warenform zum Indiz für einen fundamentalen Mangel an Sein im Ganzen, der mit der Revolution behoben werden soll.

> »[D]ie Denkform Ware ist selber die gesteigerte Denkform Gewordenheit, Faktum. Über diesem Faktum wird das Fieri besonders leicht vergessen und so über dem verdinglichten Produkt das Produzierende, über dem scheinbaren Fixum im Rücken der Menschen das Offene vor ihnen.« (PH 1, 329)

Die Analogie von gewordener Natur und Ware erhebt auch die Natur, zumal die Natur des Menschen, zu einem verdinglichten Produkt des Produzenten Mensch, der mit der revolutionären Emanzipation vom politisch-ökonomischen Warencharakter die von Marx propagierte »Humanisierung der Natur und Naturalisierung des Menschen« vollziehen soll. Das Paradigma der kapitalistischen Produktion wird hier zurückprojiziert auf den Akt einer absoluten Selbstproduktion, in der der Produzierende sich in voller Entsprechung mit sich selbst, der Gesellschaft und der Natur wortwörtlich »herstellen« soll.

Damit erweist sich die Entsprechung des Lebens mit sich selbst als Selbstproduktion. Diese ist theologisch gesprochen Selbstschöpfung, der Mensch ist der sich selbst schaffende Gott. Der in der Entsprechung »ausgeführte Humanismus der Natur« ist die Formel für die Theosis, die das absolute Bewusstsein Hegels aufhebt, das heißt negiert, bewahrt und noch einmal erhöht.

Mit dieser aktiven Selbstherstellung einer umfassenden Entsprechung des Lebens mit sich selbst, der Gesellschaft und der Natur ist das »Außen«, die Natur, nicht länger durch einen Empfang und in einer Empfänglichkeit des Lebens möglich. Vielmehr stehen Außen und Natur allein unter der Verfügung des Lebens, das seine ontologischen Bedingungen nur noch selbst produzieren soll, ohne dass der Zusammenhang des Lebens mit dem Außen und der Objektivität garantiert wäre. Das Leben ist hier auf seine im »Dunkel des gelebten Augenblicks« aufscheinende Intention verwiesen, die, wenn sie vom Modus der Hoffnung auf ein *fundamentum in re* zurückschließt, eigentlich nur eine leere Dezision vollziehen kann, deren Sinn blinder Aktionismus wäre.

Das Problem der Entsprechung betrifft tatsächlich – jenseits dieser Unschärfen und Ambivalenzen – das zentrale logische Problem der Bedingung der Möglichkeit der Vermittlung an sich: Die Entsprechung setzt eine absolute Lebensform beziehungsweise einen absoluten

Augenblick in der geschichtlichen Zeit voraus, eine Synthese von Unendlichem und Totalität, die, noch bevor sie dem Leben als Akt der Produktion zugemutet wird, das messianische Projekt Blochs im Ganzen infrage stellt.

Utopie als Grenzbegriff

Bloch bezeichnet den Zielinhalt seiner »Mega«-Eschatologie als Grenzbegriff. Gerade auch weil diese alle regionalen Heilslehren subsumiert, stehen mit dieser Utopie das eschatologische Denken und der immanente Messianismus auf dem Spiel. Bloch benennt vier konstitutive Momente, die zum Grenzbegriff der Erfüllung als »höchstes Gut« dazugehören:

1. Dem Begriff der Erfüllung entspricht der Begriff der Wahrheit als volle Entsprechung des Selbst mit sich selbst und seinem Anderen, hegelianisch gesprochen: die »Identität von Identität und Nichtidentität«, von Subjekt-Objekt, Leben-Form als »höchstem Gut«: »[Höchstes Gut ist] ›die vollkommene Übereinstimmung des Menschen mit sich selbst, und – damit er mit sich selbst übereinstimmen könne – die Übereinstimmung aller Dinge außer ihm mit seinen notwendigen praktischen Begriffen von ihnen.« (PH 3, 1562)

2. Mit dieser Übereinstimmung als Selbst-Übereinstimmung ist ein Endzustand gemeint, ein *nunc stans*, in dem Dauer, Einheit und Endzweck gedacht werden müssen: ein in der Geschichte und der Zeit sich vollendender Zustand, in dem das »Dunkel des gelebten Augenblicks« ein für alle Mal gelichtet ist. »Und wie Nunc stans dem Zustand des Verweile-doch die radikalste Formel gab, so geben *Dauer, Einheit, Endzweck* dieser Formel genau noch die Grundbestimmungen des höchsten Guts hinzu.« (PH 3, 1564)

3. Diese Erfüllung und Selbstentsprechung im Endzustand ist das absolute Werk des Subjekts, das sich selbst als das im Weltprozess sich verbergende wahre Wesen erkennt, ergreift und verwirklicht. Es geht darum, den Endzustand im Augenblick selbst aufzuschließen und von ihm in den ganz anderen Zustand hinüberzutreten. Es handelt sich um ein »Carpe aeternitatem in momento«, wie Bloch vermerkt. »Erst das erträgt, ja verlangt auch Dauer. Carpe diem geht auf Flüchtiges, zum Unterschied von ganzem und ungeteiltem Dabeisein, von der wirklichen Wahrnehmung eines guten, uns bedeutenden Augenblicks.« (PH 3, 1563)

4. Mit diesen Bestimmungen betont Bloch den Umstand, dass dieser Endzustand zwar die sozialistische Utopie voraussetzt, aber nicht in ihr aufgehen kann. Vielmehr übertrifft dieser Endzustand der Selbsterfüllung die sozialistische Utopie unendlich.

»Die nie erschienenen Inhalte im Abgrund des Existierens erhalten im religiösen Ineffabile das Zeichen, daß sie nicht vergessen und nicht zugeschüttet werden. Sie erhalten, dezidiert in der Bibel, die allemal offen gehaltene Hoffnung, daß ihnen eine Zeit wie ein Raum der Adäquatheit utopisch zugeordnet ist, gedacht als Reich. Und so wenig wie das religiöse Selbst sich mit dem kreatürlich vorkommenden Menschen deckt […], so wenig fällt der religiöse Reichsgedanke, seinem intendierten Umfang und Inhalt nach, selbst mit irgendeinem der Sozialutopie ganz zusammen.« (PH 3, 1410)

Die Utopie der absoluten Selbstoffenbarung wird durch »das Politische« nicht abgedeckt, sondern zeigt sich erst mit der Theologie in ihrer ganzen Tiefendimension als der letzte »Abgrund des Existierens«. Bloch meint damit keine religiöse Transzendenz im Sinne eines Bezug auf das Handeln Gottes, sondern ein letztes Werk des Menschen, in dem sich die immanente Eschatologie als Selbsteinsatz des Menschensohns aktualisiert: als ein neuer Himmel und eine neue Erde. Er benutzt für diese Tiefendimension überraschenderweise den Begriff des Glaubens: »Glaube ist einzig der an das messianische Reich Gottes – ohne Gott.« (PH 3, 1413) Dieser Primat des Theologischen vor dem Politischen erfordert so etwas wie »Glauben«, doch bezieht sich dessen Status nur auf den problematischen Status des Endzustands, also auf das absolute Werk des Menschen, nicht Gottes. So verstanden setzt Glauben immer die »Vernichtung der Religion« voraus (PH 1, 266). Die Utopie rückt also auch hier an die Stelle der Erlösung, sie zielt auf die Aktualisierung der religiösen Vorstellungen vom Reich Gottes und vom Paradies, besteht aber weiterhin darauf, dass der »Himmel [...] unvorhanden und leer« sein soll, wenn »der Mensch moralisch handeln soll« (AiC, 317).

Damit aber steht das Leben mit seiner Intention des Absoluten umso mehr vor dem Problem dieser Aktualisierung. In letzter Instanz muss es nämlich über den Augenblick seiner Selbstergreifung und Realisierung selbst entscheiden, denn keine objektiv teleologische Entwicklung verbürgt diesen Endzustand. Das Leben entspricht zwar dem Weltprozess in seiner offenen Tendenz, aber der Prozess wie das Leben selbst befinden sich im anhaltenden »Dunkel des gelebten Augenblicks« und sind keiner objektiven Notwendigkeit unterworfen, in die sich das Leben schicken könnte.

»Das höchste Gut, wie es unter Gott gedacht worden ist, steht auch für sich selbst im real Unentschiedenen oder an der Front. Es ist – in seinem weder durch Dauer noch Einheit, noch Endzweck irgend bereits angebbaren Inhalt – selber ein Problem, als ein objektiv-reales, nicht nur für den unzulänglichen Menschengeist vorhandenes *Realproblem.* Als in sich selbst noch ungelöstes, als eine im Kern wie an der Front des Weltprozesses *arbeitende Realgestalt der absoluten Frage.*« (PH 3, 1565; Hervorhebungen im Original)

Nicht nur ist der Weltprozess unentschieden, er steht vor der Möglichkeit seiner Erfüllung oder des absoluten Scheiterns – des Nichts. Die Leere Gottes als der durch den Menschen zu erobernde Raum der Utopie kann sich als reale, absolute Leere erweisen.

»Die Grundbestimmungen Dauer, Einheit, Endzweck geben so dem prozessualen Leitbild nur seinen Gegensatz zum Flüchtigen, zur Vielheit des Chaos, zum Umsonst oder Nihilismus, aber sie geben noch keinerlei Entschiedenheit des positiven Inhalts.« (PH 3, 1565)

Abgesehen davon, dass die Entscheidung über die Möglichkeit der Revolution letzten Endes dem Leben zufällt, das sich in ihr selbst herstellen soll, steht ein solches Handeln immer schon unter dem Zeichen einer Aporie, die sich aus Blochs Ausführungen unmittelbar ergibt, ohne dass sie explizit formuliert würde: Gerade weil Gott nur ein Name für das durch den Menschen zu errichtende Reich Gottes und damit der absoluten Selbstentsprechung bezeichnet, weil also die Transzendenz in der Immanenz sich realisieren soll, kann das messianische Leben jede reale Lebensform und aktuelle Selbstentsprechung nur immer wieder zerstören, um sich auf einer höheren Ebene neu zu be- und entgrenzen. Die Kritik an Hegel aus der Lebensperspektive Kierkegaards und der materialistischen Perspektive von Marx zielte auf die Dekonstruktion eines falschen Endzustands und wollte den

Horizont auf eine wahre Selbstentsprechung eröffnen. Diese aber bewegt sich zuletzt in dem Widerspruch, den schon die Lebensphilosophie als tragische Dichotomie beschrieben hat und den Bloch messianisch zu überwinden sucht, um ihn auf der letzten metaphysischen Ebene zu wiederholen. Leben und Form lassen sich nicht als Endzustand des immanenten Lebens konstruieren; die Intention des Augenblicks der Erfüllung zielt auf etwas, das sich in keinem Endzustand fixieren lässt.

Wenn Blochs messianisches Aktionsprogramm praktisch werden soll, kann es sich nur in einer permanenten gewaltsamen Zerstörung darstellen, die jede reale Lebensform als ihr nicht entsprechend negiert, oder aber es hebt sich selbst in einem Prozess des unendlichen Aufschubs auf. Der messianische Augenblick wird, wenn das Leben sich nicht in der Gewalt verausgabt, potenziell zu einem Augenblick, dessen messianische Verwirklichung immer wieder herausgeschoben und damit aufgehalten wird. Der *Katechon,* die geheimnisvolle Figur aus dem 2. Brief des Paulus an die Thessaloniker, ist bekanntlich das Prinzip oder die Person, die »das Ende aufhalten« soll, das von den verschiedenen messianischen Propheten verkündet wird, bevor die Zeit gekommen ist. Der messianische Augenblick, der sich in der Zeit erfüllen soll, erweist sich selbst als das katechontische Prinzip. Es ist als immanenter Augenblick der temporale Ausdruck für die Aporie der Erfüllung des Lebens. Die »eschatologische Insistenz« verkehrt den messianischen Augenblick in die Katastrophe, die Hoffnung in den Nihilismus, das Reich Gottes in ein Reich der absoluten Leere, das der *Katechon* aufzuhalten berufen ist, ob er sich dessen dieser Logik bewusst ist oder nicht.

Die eschatologische Gewalt

Bloch diskutiert das Thema der Gewalt ganz selbstverständlich im eschatologischen Kontext. Damit trifft er immer schon eine Unterscheidung zwischen legitimer und nicht legitimer Gewalt: Die bestehende Ordnung und Weltverfassung kann als Herrschaftsordnung nur eine der illegitimen Gewalt sein, gegen die Aufbegehren und revolutionäre Gewalt berechtigt und legitim sind, um Herrschaft und Gewalt überhaupt abzuschaffen. Revolutionäre Gewalt ist legitime absolute Gewalt, mit der die herrschaftliche Schöpfungsordnung aufgehoben und der Endzustand der Geschichte hergestellt werden soll. Das erläutert Bloch nicht zufällig anhand der für ihn paradigmatischen Eschatologie von Thomas Münzer:

»›Die Herren machen das selber, daß ihnen der arme Mann feind wird; die Ursache des Aufruhrs wollen sie nicht wegtun, wie kann es auf die Länge gut werden?‹ fragt der klare, erbitterte Tribun [Thomas Münzer] in der ›Hochverursachten Schutzrede‹, derart die Schuldfrage rein der herrschenden Klasse überweisend. Der Schein von Ruhe und Ordnung wird dadurch vollends zerstört, und ein Zentralproblem des Aufruhrs leuchtet auf, sofern eben nicht sosehr die gewalttätige Gegenbewegung gegen die Gewalt als vielmehr deren Besitz, deren Ausübung zum Schutz der herrschenden Klasse ›Aufruhr‹, zum mindesten den eigentliche Ursach-, Schuldkomplex an ihm darstellt.« (TM, 112 f.)

Weil diese eschatologische Gewalt die sozialpolitische Dimension immer schon transzendiert, steht die Möglichkeit der Selbstherstellung als Schaffung eines neuen Himmels und einer neuen Erde auf dem Spiel. Die herrschaftliche Ordnung der Schöpfung des Vaters und der metaphysischen »Warenform« ist eine der Schuld und der Gewalt, gegen die das messianische Leben als Prinzip des rebellischen und schuldlosen Sohnes mit seiner Gegengewalt aufbegehren muss. Dieser vollstreckt mit seinem Aufruhr ein absolutes Gericht, das archetypisch im Handeln Gideons, Moses' und Jesus' politisch wird. »Und trug nicht Gideon selber das Schwert, mußte nicht Moses den Ägypter erschlagen, kennt nicht Jesus selber durchaus den Zorn, den peitschentragenden, verfluchenden Zorn als einzigen Affekt neben der Liebe?« (TM, 115)

In der Wiederholung dieser eschatologisch motivierten Gewaltakte kündigt sich an, dass das messianische Leben mit keiner Gewalt sich beruhigen kann, sondern diese vielmehr perpetuiert; gegen den immer wieder in Erscheinung tretenden eschatologischen Feind, der aus dieser Perspektive das katechontische Prinzip verkörpert: Niemand als dieser Feind verhindert Reich und Reichszeit, der selbst schuldig ist am Aufruhr und als absoluter nur mit absoluten Gewalt beseitigt werden kann. Der *Katechon* wird hier zum eschatologischen Antichrist, zum Fürsten dieser Welt:

»›Christus war nicht geduldig, auf daß die gottlosen Christen ihre Brüder wohl peinigten,‹ auch er kennt keinen Frieden mit Belial und seinem Reich. Genau auch sieht sich Münzer darum den scharfen Heiland zur Seite: ›Ich bin nicht gekommen, Frieden zu senden, sondern das Schwert.‹« (TM, 115)

Die Utopie Blochs verknüpft jüdische, christliche und revolutionäre Taten mit den Personen Moses, Jesus und Thomas Münzer. Sie entspricht zunächst der Gleichstellung dieser Traditionen auf der Grundlage der joachitischen Apokalypse, die Bloch später in der utopisch-revolutionären Figur der Trinität von Vater, Sohn und heiligem Geist zusammenfassen wird. Diese utopische Trinität wird zum Prinzip der permanenten Gewalt. »Euer Vater ist ein Mörder«, zitiert Bloch aus dem Johannesevangelium (PH 3, 1498), um die Mission des rebellischen Menschensohnes auf ihren eschatologischen Begriff zu bringen. Mit dem Selbsteinsatz des rebellischen Menschensohnes als erfülltes Leben und Gott verwandelt sich dieser in den Christus, der statt Liebe und Versöhnung das Schwert bringt und Feindschaft stiftet.

Der Messias als *Katechon:* der sich vertagende Augenblick

Der messianische Augenblick wird spätestens nach dem gewalttätigen Scheitern seiner revolutionären Aktualisierung zum Augenblick der eigenen Unmöglichkeit. Jeder Augenblick steht zwar unter dem Zeichen seiner absoluten Realisierung, doch auch im Schatten von Melancholie und Trauer über deren Ausbleiben. Die Lichtung bleibt messianisch intendiert, aber das Dunkel der realen Schöpfungszeit breitet sich unausweichlich über das ganze Leben aus, bis dieses Leben sich, immer noch geblendet vom Licht der Utopie, in dunkle Verzweiflung zurückzieht. Der eine Augenblick, in dem das Versprechen auf eine bessere Welt aufzublitzen schien, ist vertagt auf eine unbestimmte Zukunft, womit er zum stellvertretenden Augenblick für das messianische Drama des Umschlagens der Utopie in die Katastrophe und auch für die Rückkehr in die reale Zeit als bloße Abfolge gleichgültiger Jetzt-Momente wird. Unerfülltheit und Unerfüllbarkeit des messianischen Augenblicks erzeugen vor dem Hintergrund der Antizipation der ausstehenden

Erfüllung den nächsten Moment, bis das Licht der Antizipation endgültig verlischt und die Augenblicke in der Gleichgültigkeit der Chronologie unbemerkt verschwinden. Das Ereignis als absolute Qualität verliert so seine Besonderheit und wird zu dem sich ständig wiederholenden Jetzt im objektiv messbaren und zugleich sich entleerenden Ablauf der Zeit. Die messianisch aufgeladene Zeit erstarrt zuletzt in der Invarianz einer sich wiederholenden Zyklizität, bis sie nur noch als ewige Wiederkehr des Gleichen erlebt werden kann. Blochs eschatologische Insistenz verweigert sich dieser »Entmessianisierung«, vielmehr zieht er aus der Verschränkung von absoluter Intention und realer Verzögerung einen Schluss auf die Korrelation zwischen Weltzeit und Utopie. Dass es geschichtliche Zeit als Ablauf der Zeitmomente überhaupt gibt, soll nach wie vor die absolute Intention belegen, wie diese durch jene bedingt sein soll. Invarianz der Zeitabfolge und Augenblick sollen in diesem Stillstand der utopischen Zeit immer schon aufeinander verweisen und sich gleichsam füreinander verbürgen.

»Dafür freilich geben sie unnachlaßliche *Invarianz der Richtung* auf einen Inhalt: auf den eines Da-Seins, das dem verschlossenen Sein des Wesens bis zur Identität adäquat geworden, also ohne Anderheit und Entfremdung sein könnte. Das Realproblem dieses Da-Seins lebt aber nur innerhalb des Prozesses, der es betreibt, ja: *es gäbe gar keinen Prozeß, wenn dieses sein Realproblem nicht wäre.«* (PH 3, 1565; Hervorhebungen im Original)

Mit dem Insistieren auf das messianische Endziel, das sich als letzter Grund für die historische Invarianz erweist, steht die Antizipation nicht nur für den Stillstand des Weltprozesses, sondern sie verwandelt sich immer schon in einen besonderen Blick zurück, eine Retrospektion, die sich der Gewesenheit der messianischen Potenziale angesichts ihrer Noch-nicht-Erfüllung zu vergewissern sucht. Zuletzt wird das »Dunkel des gelebten Augenblicks« so zur Entdeckung der Vergangenheit als seiner bisher verfehlten Zukunft.

»Das Daß, das im Menschen, aber auch im problematischen Subjekt der Natur [...] zum höchsten Gut gelangen will, setzt kraft dieses objektiven Zeit-Real-Problems erst die Zukunft, in die die unerfüllte Augenblickswelt immer weiter treibt, mit intendierter Endziel. Und es setzt ebenso erst die Vergangenheit, in die die Augenblickswelt immer wieder versinkt.« (PH 3, 1565 f.)

Sollte die Unendlichkeit endlich werden, so ist zuletzt die Endlichkeit unendlich geworden: Der eschatologischen Aporetik entspricht nur noch eine absolute und unerreichbare Zukunft, die sich immer wieder noch nicht verwirklicht haben wird, eine zyklische Zeit, die ihr eigenes Nichtverwirklichthaben auf die Vergangenheit als deren verfehltes Potenzial projiziert. Die Vergangenheit kann damit nicht nur zur verlorenen messianischen Zeit, sondern zum Objekt einer postrevolutionären Praxis werden, die sich aus der Unmöglichkeit des Handelns auf die Kontemplation der Geschichte dieser Unmöglichkeit verlegt. Jene erschließt die Tendenz dieser Vergangenheit als deren retrospektiv zu entdeckende Zukunft.

Zugleich kann diese Kontemplation in Anspruch nehmen, dass die Revolution »eigentlich« immer noch in jedem Augenblick möglich werden kann – nur dass es unmöglich ist, sie durch eine Praxis vorzubereiten, mit der dieser Anspruch auf die praktische Probe gestellt werden müsste. Der Kurzschluss von Absolutem und Zeit, das

»Carpe aeternum«, das Bloch predigt, bleibt der Praxis hermetisch verschlossen, was sich mit der Kontemplation über die eschatologischen Potentiale der Vergangenheit wieder verbergen lässt. Die Transformation des messianischen in den katechontischen Augenblick spielt sich hinter den Kulissen der revolutionären Rhetorik ab, wobei sie dem revolutionären Bewusstsein mit der Kontemplation der vergangenen Zukunft die Illusion überlässt, das Ereignis und die Revolution seien reale politische Optionen, deren Zeit kommen wird oder in jedem Augenblick »einbrechen« kann.

Dem revolutionären Bewusstsein bleibt am Ende also die Rekonstruktion seiner Möglichkeit im Konjunktiv *irrealis* als dasjenige »Ereignis«, das »beinahe« hätte stattfinden können. Revolutionäres Bewusstsein verwandelt sich unter dem Druck dieser Dynamik in ein alternativ historizistisches Bewusstsein, in Erinnerung und Andenken: Es wird selber enzyklopädisch, sprich zu Blochs universaler Philosophie der eschatologischen Formen, die vor der Revolution kapituliert hat, ohne sich dies eingestehen zu müssen. Seine radikale Eschatologie verbirgt den »eigenen Abschied von der Utopie« als letzte Konsequenz seiner immanenten politischen Theologie des Ereignisses. Er darf aber mit dem Bedürfnis seiner enttäuschten Adressaten auf Vertröstung rechnen, solange er die revolutionär-messianische Rhetorik und den Enthusiasmus der unmittelbar bevorstehenden Revolution bewahrt.

Ein verfehlter Augenblick der Geschichte: am Beispiel von ’68

Das Attentat auf Rudi Dutschke im April 1968 bezeichnete den Höhepunkt und zugleich das Scheitern der zutiefst messianisch inspirierten Studentenrevolte, die meinte – wie Dutschke wiederholt programmatisch darlegte –, mit der gewaltsamen Tat das Prinzip von Herrschaft und Gewalt beseitigen zu können. Zugleich stand die Revolte damals vor der Entscheidung, entweder die Gewalt rückhaltlos zu entfesseln, um die Konfrontation mit Staat und Polizei weiter zu eskalieren, oder den revolutionären Augenblick vorläufig und taktisch aufzuschieben. Die Situation war insofern ausweglos, als eine eschatologische Insistenz die Rückkehr zu den Möglichkeiten der parlamentarischen Demokratie versperrte. Bis in realitätsfremde Selbstüberschätzung hinein zeigte diese Situation also dieselbe ausweglose Aporetik des messianischen Augenblicks, wie sie hinter ihren begrifflichen Kulissen die politische Theologie Blochs bestimmt.

Blochs Analyse der Ereignisse von 1968 verlegte sich angesichts von dessen Scheitern auf die Erinnerung an die »konkrete Utopie«, um den Weg einzuschlagen, den schon die eigene Philosophie im Lichte dieser Aporetik gegangen war: die eschatologische Historisierung. Ausgehend von der realen Aporie des Augenblicks der 68er-Revolte tritt also an die Stelle der Konkretheit der Utopie eine Analyse der in der Vergangenheit angelegten eschatologische Tendenz, die Bloch auch diesmal bis in die Naturgeschichte zurückverfolgt, um das reale Scheitern zuletzt mit einem triumphalen Enthusiasmus von der kosmischen Revolution zu übertönen.

In dem Vortrag über *Die neue Linke und die Tradition* von 1969 bezeichnet Bloch aus der Retrospektive die Revolte als einen »nicht unwichtigen Augenblick«. Dem Zeitgeist entspricht seine marxistische Rhetorik, die der neuen »Heimatlosigkeit der Linken« mit einer Konkretisierung der Utopie abhelfen will. Dieser Augenblick wird in seinem Essay *Abschied von der Utopie* zugleich zum Ausdruck seiner »brisante[n], aber umgekehrt wieder lähmende[n] Bedeutung« (AvdU, 76). Der Augenblick steht auch jetzt im Zeichen seines gelebten Dunkels und der Unschärfe der messianischen Intention, die Bloch vor allem am »leeren Aktionismus« der Studentenbewegung festmacht, der sich an einer »reinen Zukunft« zu orientieren sucht und damit die realen Bedingungen außer Acht lässt. Es gilt, diese Bedingungen mit einer marxistischen Analyse der notwendigen Zwischenglieder zu analysieren. Dem kategorischen Urteil, »wir [haben] doch keine revolutionäre Situation« (AvdU, 157), das Bloch daraus ableitet, dass es zu keiner Koalition zwischen Studenten und Arbeiterbewegung gekommen ist, entspricht der Versuch, die Zielrichtung der Unruhe und Gewalt zu definieren. »Wenn die Ziele deutlicher sind und man weiß, was man nicht will […], dann wird man auch die Wege und die Mittel finden, um sich hier unüberhörbar zur Geltung zu bringen und das Seine anzumelden.« (AvdU, 156) Bloch deutet die Situation in Analogie zur Philosophie:

»Ebenso wie schon vorher Hegel als Philosoph, so mußten auch die Utopisten, bei aller Anerkennung der Vorläuferschaft […] auf die Füße gestellt werden […]. Auf die Füße stellen heißt hier: die Zwischenglieder einschalten, sie nicht zu überspringen. Dies geschah nun im Marxismus, und ich habe die Formel dafür zu bringen gewagt, schon im *Prinzip Hoffnung:*

›So ist denn der Marxismus nicht keine Utopie, sondern das Novum einer konkreten Utopie.« (AvdU, 79)

Konkret bedeutet das, dass Unruhe und Gewalt, weil die sozialdemokratische Regierung Willy Brandts als reale Option zugunsten der Utopie verworfen wird, als revolutionärer Impuls bewahrt werden:

»So haben wir eine unruhige Jugend. Die scheinheiligen Argumente, die gegen sie aufgeführt worden sind, z.B. daß sie Gewalt anwendet, braucht sie nicht zu fürchten. Die Gewalt ist schließlich zu ertragen, die mit Konfetti oder gar faulen Eiern ausgeübt wird. Sie ist doch ein Kinderspiel gegen die Gewalt, die sonst für nicht immer sehr heilsame Ziele angewandt worden ist und in neuster Zeit wieder angewandt zu werden scheint. Es ist also eine pure Heuchelei, wenn von dieser Seite gegen etwas angegangen wird, das schließlich nichts anderes ist als ein Wecker in finsterer Nacht oder gegen Morgengrauen. Es soll Aufmerksamkeit erregt werden, nachdem so viele Jahre vergangen sind, in denen man auf die Wünsche der heranwachsenden Generation überhaupt nicht gehört hat.« (AvdU, 155f.)

Dieser Appell an die Generation der Söhne, die sich außerhalb der demokratischen Spielregeln begeben haben, verharmlost eine Gewalt, die schon 1969 zu Molotowcocktails und Brandstiftungen übergegangen war, und er legitimiert sie als Gegengewalt gegen Mächte einer »finsteren Nacht« – womit ein demokratisches System gemeint ist, das am Ende desselben Jahres 1969 mit Willy Brandts Regierungsantritt fordert, mehr Demokratie zu wagen. Brandts Regierung hat nicht nur aus der Retrospektive »aus Mangel an Phantasie und an Fernzielen ja nichts gebracht« (AvdU, 80), ihr Abschied von der Utopie entspricht Blochs grundsätzlicher Kritik an der

Sozialdemokratie, der er vorwirft, »sich aller Revolution zu entschlagen, sie im Schoß des Gesellschaftsprozesses unbefruchtet, also nie entstehen zu lassen« (AvdU, 150 f.). Finster ist die Nacht der Sozialdemokratie also auch 1969, weil ihr »das Wenige des tatkräftig überlegten Stoßes, der konkreten Augenblicksbeherrschung, des Willens zum Sieg, des Glaubens an den Sieg« fehle, »jenes Wenige mithin, das ein wahres Ungeheuer an Entscheidung ist und bisher nur Lenin gelang« (AvdU, 150). Konkrete Utopie entspricht der konkreten »Augenblicksbeherrschung«, wie sie Lenins Revolution modellhaft repräsentieren soll, die in Wahrheit nicht nur die parlamentarische Demokratie suspendiert, sondern die Revolution gegen die Opposition der russischen Arbeiter gewaltsam durchgesetzt hat. Bloch rechtfertigte damit die Position derjenigen außerparlamentarischen Fraktion, die ihren leninistischen Alleingang gegen den Staat, den sie mit den nationalsozialistischen Vätern identifizierte, eingeschlagen hat:

> »[N]icht mehr haben zu wollen, was überliefert wurde. Vielleicht erzeugt durch die Abkehr von dem Vater-Ich, das viele in der Jugend vor sich hatten, in Deutschland geschärft durch den Nazismus der Eltern, die jetzt Moral predigen wollen und selbst an Immoralität bis hin zu Auschwitz das Ihre geleistet haben.« (AvdU, 158)

So mobilisiert Bloch den moralischen Instinkt gegen die Väter, um der außerparlamentarischen Jugend die Richtung zu weisen. »Die Anständigkeit und die Moral jedenfalls gehen unbesehen in die Linie einer konkreten Utopie hinein und suchen sich nach Maßgabe der Möglichkeit zu verwirklichen.« (AvdU, 81 f.)

Bloch verordnete der Studentenbewegung mit ihrer Spannung zwischen revolutionärer Intention und objektiver Möglichkeit ein Studium der konkreten Utopie. Gegen den »Spontaneitätsrausch« des »leeren Aktionismus« empfiehlt er die Analyse der »Zukunft im Vergangenen«, die sich ihrer Vorgänger vergewissert und Gefahr läuft, in die »schlechte[ ] Tradition der bloßen Gedächtnis-Ekstase« umzuschlagen (AvdU, 165). Dieser Rückgriff soll den notwendigen, aber vorläufigen Aufschub der revolutionären Tat überbrücken:

»Wir werden also mit der Möglichkeit umzugehen wissen, sie begreifen, damit es nicht nur eine mehr oder minder vage Hoffnung ist und als solche mit schlechter Utopie verwechselt werden kann, sondern damit sie Anweisung zur fundierten Tat wird.« (AvdU, 82)

Der verpasste Augenblick kompensiert sein Ausbleiben, indem er die unabgegoltene Tendenz der Vergangenheit rekonstruiert und sich unausgesprochen der Permanenz dieser Unabgegoltenheit versichert.

»Es gibt also, mit einem keineswegs paradoxen Ausdruck, eine Unmenge *Zukunft in der Vergangenheit,* die nicht getan worden ist und die als Forderung unabgegolten weitergeht und unserem schmalen Augenblick nun eben die Breite und das Universale gibt, das er braucht, um sich auch theoretisch darin auszukennen.« (AvdU, 165; Hervorhebungen im Original)

Mit der unmöglichen Konkretion der Utopie verkehrt sich der verfehlte Augenblick in einen eschatologischen Historizismus, der die Vergangenheit auf ihre utopischen Potenziale hin durchleuchtet und diese aus ihrer Vergessenheit »erlöst«. Diese Spurensuche fahndet nach den zahlreichen analogen historischen Ausnahmesituationen, die hätten konkretisiert werden können. So soll Kants Forderung nach dem Ausgang des Menschen aus seiner selbst verschuldeten Unmündigkeit als revolutionäre Entsprechung mit der gegenwärtigen Situation getestet werden:

»Wie habt ihr diese Jetzt-Zeit verstanden, die ebenso in der Vergangenheit da war und die nun plötzlich auftaucht, als wäre nichts gewesen? Wir sind wieder im Jahre 48, die Zeiten haben sich gewandelt, die Inhalte und Aufträge, der gesellschaftliche Rahmen und die Substanz der Sache haben sich gewandelt; und trotzdem ist etwas darin, das bewegt und aufgreift und in großen Werken uns immer wieder entgegenkommt mit Nachreife.« (AvdU, 166)

Diese Entsprechung von 1968 und 1848 nimmt die Geschichte als Ganzes in ihrer utopischen Invarianz in den Blick. Die konkrete Utopie verwandelt sich in eine Phänomenologie der verfehlten Augenblicke und begibt sich auf die Suche nach immer phantastischeren Analogien. Das Licht der verfehlten Augenblicke der Geschichte führt die eschatologische Energie zurück in eine »schöpferische Vergangenheit«, die sozusagen die Geschichte retroaktiv revolutioniert.

»Ein Licht nicht nur des Gedenkens, sondern des Eingedenkens der wichtigen Angelegenheiten, der wichtigen Ziele und Futurismen, die entstanden sind und nicht nur Zukunft in der Vergangenheit sehen lassen, sondern auch, mit einer eigentümlichen Wechselwirkung, etwas so Paradoxes wie schöpferische Vergangenheit in der Zukunft selber.« (AvdU, 168)

Bloch entwickelt die Perspektive auf eine Phänomenologie der Geschichte, in der sich die utopische Tendenz artikuliert. Er unterscheidet mit Friedrich Engels drei historische Stadien: Wendezeiten, klassische Perioden und Verfallszeiten. Es geht ihm in erster Linie darum, utopische und gegenläufige Tendenzen herauszustellen, was zu einer messianischen Perspektive auf Geschichte und Vergangenheit führt, wobei Bloch diese messianische Tendenz bis ins Unermesslich-Unendliche des Weltprozesses steigert, sodass es zuletzt keinerlei Konkretion mehr geben kann. Im Zusammenhang mit dem Verfallsstadium stellt er fest:

»Das gibt es in menschlichen Beziehungen und vor allen Dingen eben in dem Zerr- oder Zauberspiegel, den die Wirklichkeit einem solch betroffenen Blick mit Ja zum Übergang, mit Nein zu jeder Art von Erstarrtheit, Abgemachtheit, Ausgemachtheit bieten kann, also ein experimenteller Blick mitten im Experimentum Mundi, im Experiment der ganzen Welt, in dem wir uns befinden. Es ist die Welt selbst ein solches Experiment; und auch das spiegelt sich in kleinem Rahmen in unserer Geschichte. Es ist nichts ausgemacht, es gibt keinen festen Weg, es gibt keine Zuversicht, keine Garantie.« (AvdU, 173 f.)

Diese offene Tendenz der vermeintlich konkreten Utopie soll sich nun so verstärken, dass die »Utopie, die nicht abdankt, […] im Bündnis mit der historischen Tendenz und im Bündnis vielleicht mit der universalen, kosmischen Tendenz [ist].«

Immer noch spricht Bloch von der »Konkretion der Utopie«, auch wenn sie sich nur einer der Utopie entsprechenden Vergangenheit vergewissert hat, um diese Konkretion kosmisch zu erweitern: zum *experimentum mundi.* Konkretion bedeutet letztlich das Gegenteil dessen, was Bloch versprach: Der unmögliche messianische Augenblick wird erweitert zu einer phantastisch-kosmischen Möglichkeit, die nicht mehr durch die erforderliche Objektivität abgesichert ist. Bloch schiebt die utopische Dimension so weit in die geschichtliche Vergangenheit zurück, bis diese in Naturgeschichte übergeht, in der dann der letzte messianische Kern des Weltprozesses aufscheinen soll. Diese kosmische Erweiterung soll auf das noch nicht erschienene Wesen des Menschen, den »Homo absconditus«, verweisen. Der aus der Unmöglichkeit des historischen Augenblicks gewonnenen Diagnose vom »leeren Aktionismus« kann damit auf der Ebene der konkretisierten Utopie nur noch ein absolutes Handeln im frei schwebenden Zustand entsprechen. Es soll als Dekodierung der utopischen Hieroglyphen, der schlechthin unverständlichen Sprache der Natur begriffen werden:

»Es ist etwas in der Natur, das in einer ausgestorbenen oder unverstandenen Sprache, vielleicht einer lallenden, einer Kindersprache zu uns spricht und eine Qualität hat, die sonst überall in der Natur wissenschaftlich ausgelöscht wird, wie z.B. Gefühle der Erhabenheit beim Meer, beim Sternenhimmel, beim Hochgebirge. ›Naturerhabenheit‹, sagt Kant, ›ist dasjenige, was uns eine Ahnung unsere zukünftigen Freiheit übermittelt.‹« (AvdU, 176)

Wenn diese Rhapsodie der kosmischen Konkretion jede marxistische Analyse des konkreten Augenblicks längst hinter sich gelassen hat, so überrascht Bloch die rebellischen Studenten mit dem schon angeführten, sehr »unobjektiven« Marx-Zitat über das Verhältnis des Bewusstseins zum Weltprozess: »Es zeigt sich also, daß die Welt schon längst den Traum von einer Sache besitzt, von dem wir nur das Bewußtsein zu haben brauchen, um ihn wirklich zu besitzen.« (AvdU, 177) Der Traum, den das revolutionäre Bewusstsein übersetzen soll, entspricht zugleich einer messianischen Dimension des Seins, die aus keiner Vergangenheit zu begreifen ist – seine Bedeutung ist reine, absolute Zukunft. Der utopische Traum ist das Gegenteil des Nachttraumes, der »nur reflektiert, was schon gewesen ist, kein Verdrängtes, das im Keller des Unbewußten schläft und nun in Verkleidungen oder Zensur des moralischen Ich auftaucht in der Nacht« (AvdU, 177). Wo die Psychoanalyse den Traum mit bestimmten Regeln der Dekodierung zu entziffern sucht, um ihn in eine Sprache des Bewusstseins zu übersetzen, da entzieht sich der Traum hier, obwohl auch er zu Bewusstsein kommen soll, jeder Übersetzungsmethode. Er entspricht damit dem vagen Traum der studentischen Jugend: Er ist »Tagtraum, Traum der Jugend, Traum der Wendezeiten, […] Traum, der überfüllt ist mit Noch-Nicht« (AvdU, 177).

Es ist der Traum von der reinen Zukunft, zu der Bloch die Zwischenglieder einzubauen versprach, um sie praktisch werden zu lassen. Er entspricht einem Noch-Nicht, das alle Vergangenheit vernichtet und als reine absolute Zukunft erscheinen soll:

»So kommt es auch darauf an, nicht zu ersticken in der Vergangenheit, sondern nun das Geheimnis des homo ignotus selber zu haben, der bisher nur der Ideologie des Theismus anheim gegeben war als deus ignotus, deus absconditus, als unbekannter, verborgener Gott. Es gibt den unbekannten und verborgenen Menschen. Das allein steckt in dem Wort Humanismus.« (AvdU, 179)

Die Konkretisierung der Utopie, die Bloch den Studenten als Strategie gegen den leeren Aktionismus der reinen Zukünftigkeit vorschlägt, vollendet sich, indem sie die utopische Tendenz der Vergangenheit so radikal interpretiert, dass die Tendenz der Geschichte selbst sich mit jeder Vergangenheit abschafft. Am Ende dieser Kreisbewegung muss die reine Zukunft wieder als absolute Leere erscheinen. Es ist die absolute Gewalt des Sohnes gegen die Herrschaftsordnung des Vaters, die diese, wenn nicht »jetzt«, so retrospektiv, aus der Wurzel, das heißt »radikal«, der Schöpfung selbst sprengt. Gewalt und unendlicher Aufschub sind die beiden komplementären Aspekte des Messianismus, der seine eigene Unmöglichkeit durch die unendliche Potenzierung des Messianischen kompensiert. Die ihm eingeschriebene absolute Leere, das Nichts, ist die einzige Macht, die das »Dunkel des gelebten Augenblicks« zuletzt »real« erfüllen kann: in einem absoluten Nihilismus.

Flucht in die Gnosis

Je tiefer Bloch die messianische Urgewalt in Vergangenheit, Natur und Schöpfung einschreibt, desto eindeutiger wird die ursprüngliche Idee von der Selbstherstellung des Subjekts beziehungsweise des Lebens am Ende dieser Geschichte überschritten. Die in die Natur selbst verlegte Urgewalt, sosehr sie als objektive Tendenz in der Geschichte sich darstellen soll, ist durch kein Handeln des Menschen mehr zu aktualisieren. Die Krise der Idee einer absoluten Selbstdarstellung des Lebens in der Zukunft zwingt die radikale messianische Intention, sich in eine absolute Vergangenheit zu flüchten, die dann der Natur selbst eine solche Macht der Selbstentsprechung zuschreibt. Die Unmöglichkeit der politischen Eschatologie wird kompensiert durch deren permanente Intensivierung, bis der absolute Augenblick die Grenzen von Immanenz und Natur sprengt. Die solchermaßen eschatologisch aufgeladene Natur drängt zur Annahme einer Intervention, die nicht mehr aus der Natur selbst hergeleitet werden kann, eines Einbruchs, der die Grenzen der Immanenz überschreiten müsste.

Im Zusammenhang mit der Frage nach der Entsprechung von Leben und Form beschreibt Bloch das »Dunkel des gelebten Augenblicks« einmal als »eine Treffstelle weitverzweigter Vermittlungen zwischen Vergangenheit und Zukunft«, auf die »ein plötzliches, nicht historisch-horizontales, sondern senkrecht einschlagendes Licht fällt« (PH 1, 342). Dieses Licht, sosehr Bloch es als Vermittlung darstellen möchte, sei tatsächlich »Einbruch von außen« und in seiner Plötzlichkeit gerade Indiz für ein Ereignis jenseits von Sein und Geschichte. Ähnlich müsste der radikal gedachte Reichsgedanke, gerade wenn er die Sozialutopie hin zu einer kosmischen Neuschöpfung transzendieren soll, die Teleologie des Weltprozesses sprengen:

»Der Reichsgedanke hat deren [die der Sozialutopie] Wege als Vorbereitung des letzten Sprungs bei den Chiliasten gesetzt, anerkannt und gefordert, er tritt in den Evangelien nicht als himmlisches Jenseits, sondern als neuer Himmel und neue Erde auf, aber er enthält, in seinen Antizipationen, ein Absolutum, worin noch andere Widersprüche als die sozialen aufhören sollen, worin auch der Verstand aller bisherigen Zusammenhänge sich ändert.« (PH 3, 1410f.)

Bloch verweigert sich, gerade wo sein Denken sich auf die Möglichkeit des Einbruchs und Sprungs – eines Ereignisses der absoluten Transzendenz von außen, also auf Gott – zubewegt, eben dieser Möglichkeit. Stattdessen intensiviert er wiederholt immanent messianische Impulse, die sich freilich immer tiefer in ihre eigenen Widersprüche verstricken. Die Eschatologie verbarrikadiert sich gegen die in ihr angelegte Tendenz der Selbstüberschreitung zu Gott, zu dem Augenblick also, wo die eschatologische Insistenz in einem »Sündenbekenntnis« sich von dem Zwang und der Last der Selbsterlösung befreien dürfte. Blochs Denken stellt sich in letzter Instanz als Drama einer einzigen Heilsverweigerung dar, das sämtliche eschatologischen Aus- und Fluchtwege beschreitet, bevor es sich geschlagen gibt. Nicht zufällig führt ihn der unendliche Regress in die archaischen Urgründe von Natur und Geschichte immer wieder vor die Tore einer Gnosis, die die messianische Möglichkeit in die Natur so einschreibt, dass sie selbst sich auf wundersame Weise in eine ganz andere Natur verwandeln soll, um von hier aus die Geschichte aller Eschatologien als Affirmation des Sündenfalles umzuschreiben: Die Schlange aus dem Paradies wird zum Symbol der *theosis* des Menschen, der aus dieser mirakulösen Selbstschöpfung der Natur hervorgehen soll.

Am Anfang war das Paradox. Blochs sich überschlagende Eschatologie zielt auf die »Eliminierung des Gottes« als Bedingung, um den Menschen selbst als Gott einzusetzen.

»Von daher endlich vor allem das stärkste Paradox in der an Paradoxen so reichen religiösen Sphäre: *die Eliminierung Gottes selber,* damit gerade das religiöse Eingedenken, mit Hoffnung in Totalität, offenen Raum vor sich habe und keinen Spukthron aus Hypostase. [...] Die durch den ehemaligen Gott bezeichnete Stelle ist so nicht selber ein Nichts; das wäre sie erst, wenn Atheismus Nihilismus wäre, und zwar nicht bloß einer der theoretischen Hoffnungslosigkeit, sondern der universalmateriellen Vernichtung jedes möglichen Ziel- und Vollkommenheitsinhalts.« (PH 3, 1412; Hervorhebungen im Original)

Wo die klassische Gnosis zwischen dem schwachen beziehungsweise bösen Gott und dem wahren, absolut transzendenten Gott der Erlösung unterscheidet, konstruiert Bloch eine gottlose Gnosis, die zwischen der Natur der Gewordenheit und der sich selbst herstellenden Natur der Erfüllung – der Natur als Heimat – unterscheidet. Religion ist nur Symbol für diese ideale Natur, in der sich die Geschichte des Menschen als seine Vergöttlichung ereignen soll. Bloch beruft sich wiederholt auf den Gnostiker Marcion, der in seinen Antithesen die christliche Eschatologie vom Reich in eine Theologie vom ganz anderen Gott gegen den Gott der unvollkommenen Schöpfung ausspielt.

»Jesu Wort: ›Siehe, ich mache alles neu‹ wurde nun gegen Jahwe in jederlei Gestalt, auch in der des Exodus, interpretiert; er wurde Zoroasters Ahriman. Das Neue aber war *der neue Gott, der schlechthin fremde,* von dem bis zu Chrisus niemals eine Kunde zu den Menschen kam; so wurde das große Logion, als Regierungserlaß Christi, interpretiert: ›Niemand kennt den Sohn als nur der Vater, und niemand kennt den Vater als nur der Sohn, und wem der Sohn es offenbaren will. (Matth. 11, 27) Marcion, der sich als Vollender des antithetischen Paulus fühlte, verband diesen Satz Christi aufs engste mit der Pauluspredigt in Athen über den Theos Agnostos, den unbekannten Gott; so jedoch, daß der Gesandte dieses Gottes von nichts anderem als eben dem Weltschöpfer losriß, den Paulus und erst recht die spätere Kirche mit Christi Vater identifiziert hatten. Marcion stellt so den stärksten Begriff Anti-Jahwe dar, zugunsten Christi als des totalen Novum oder Paradoxes in Jahwes Welt.« (PH 3, 1499; Hervorhebungen im Original)

Die Theologie des Sohnes, der sich gegen die Ordnung des Vaters erhebt, kulminiert in dieser »marcionitischen Wende« zur absoluten Neuschöpfung des Sohnes durch den Sohn, die Bloch freilich wieder auf eine in ihrem Wesen gnostische Natur zurückführt. Marcions Gnosis wird so zum Symbol eines sich selbst überbietenden immanenten Hypermessianismus, in dem sich die Natur zuletzt »von selbst«, »aus sich selbst«, jedenfalls »selber« revolutionieren soll.

Dieser Wandel hin zu Marcion soll die Aporie der Selbstentsprechung auflösen, indem sie jene vollends unmöglich macht. So versucht Bloch zugleich, die von Adolph von Harnack in die Wege geleitete protestantische Adoption Marcions von ihrem spezifischen Antijudaismus zu emanzipieren. Wo der große liberale Theologe Harnack in seinem 1921 veröffentlichten Buch *Marcion. Das Evangelium vom fremden Gott* diese gnostische Theologie zum Wesen des protestantischen Christentums erhebt, trennt er die reine Lehre Jesu von seinen Voraussetzungen im Alten Testament ab, deren es nach der Entdogmatisierung des Erlösers nach 1900 Jahren nicht mehr bedürfe. Diese Reaktualisierung der Gnosis des Marcions musste wie eine Lossagung nicht nur von der jüdischen Religion, sondern auch von der deutsch-jüdischen Kulturidee erscheinen. Sie wurde von jüdischen Theologen und Intellektuellen wie Leo Baeck und Marin Buber tatsächlich als politisch-theologisches Warnsignal der mit dem Zusammenbruch des Kaiserreiches bevorstehenden Krise deutsch-jüdischer Kultur verstanden.

Bloch mobilisiert die Gnosis des Marcion für seinen Hypermessianismus, indem er die gnostisch motivierte Rebellion des Sohnes gegen den Vater auf die jüdische Exodustheologie zurückprojiziert und so Judentum und Christentum, Moses und Jesus, in dieser Gnosis integriert. Damit denkt er die marcionitische Ausnahme als eschatologischen Modellfall, der die joachitische Abfolge von Judentum, Christentum und Evangelium des Heiligen Geistes als absolute Neuschöpfung und Loslösung von der gewordenen Natur konstruiert. Nicht nur wird damit der antijudaistische Impuls der marcionitischen Theologie (Harnacks), sondern auch das Prinzip eschatologischer Erfüllung bei Joachim von Fiore radikal uminterpretiert. Alle drei Reiche sind vom selben radikal gnostischen Typ, und damit auf die Utopie der ganz anderen Natur hin angelegt. Zugleich wird hier deutlich, wie Bloch den Begriff der Tendenz, der eine wie immer messianisch überladene Teleologie der Naturgeschichte bezeichnen soll, tatsächlich einsetzt. Die Tendenz entspricht nämlich der gnostischen Struktur der drei aufeinanderfolgenden Paradigmen von Moses, Jesus und heiligem Geist, die sich in der utopischen Trinität von Vater, Sohn und heiligem Geist erst erfüllen wird. Das trinitäre Wesen der Utopie entfaltet sich in der ökonomischen Abfolge der heilsgeschichtlichen Tendenz, deren gnostische Innenseite Bloch anhand der Schlangensymbolik zu rekonstruieren sucht.

»Die entscheidende Rebellionsstelle findet sich zwar im Johannesevangelium, also einem fast durchgehend unhistorischen, doch das dort angegebene Wort Jesu, zu Nikodemus gesprochen, steht in einer uralt-jüdischen Tradition, die nicht erst nachträglich an Jesus herangebracht worden ist. Das konkordanzreiche Wort lautet: ›Und wie Moses in der Wüste eine Schlange erhöht hat, also muß des Menschen Sohn erhöht werden, auf daß alle, die an ihn glauben, nicht verloren werden, sondern das ewige Leben haben.‹ (Joh 3,14 f.) Moses aber hatte gegen die feurigen Schlangen in der Wüste, die das Volk töteten, eine eherne Schlange gemacht, ›und richtete sie auf zum Zeichen, und wenn einen eine Schlange biß, so sah er die eherne Schlange an und blieb leben.‹ (4 Mos. 21,9)« (PH 3, 1495 f.)

Bloch unternimmt den virtuosen Versuch, die radikale Anthropologie vom neuen Menschen aus den Urquellen des Judentums abzuleiten, indem er an diese Stelle des Johannesevangeliums anknüpft und ihre subversiv gnostische Sprengkraft für beide Traditionen freilegt. Die Schlange, die Moses in der Wüste als Lebensspender einsetzt, ist in gewissen gnostischen Interpretationen, auf die sich Bloch hier beruft, nichts anderes als die Paradiesschlange selbst, die den Menschen verführt, von der verbotenen Frucht des Wissens zu kosten, um gegen Jahwe aufzubegehren und wie Gott zu werden. Die radikale Eschatologie verläuft über diese Engführung direkt auf die Szene mit dem Sündenfall zu, um deren Sinn umzukehren. In der Sünde befreit sich der Mensch vom Joch des göttlichen Gesetzes.

»[D]ie Paradiesschlange ist zugleich das Symbol der weltsprengenden Vernunft; denn sie lehrt, vom Baum der Erkenntnis zu essen, sie verkündet den ersten Menschen ein Reich, das höher ist als das ihres Schöpfers und Weltschöpfers. Sie lehrt sie, das Gesetz des Demiurgen zu übertreten, um durch das Wissen des Heils jenem höchsten Gott gleich zu werden, der nicht Jahwe ist und den erst Jesus wieder verkündet hat – Eritis sicut Deus, scientes bonum et malum.« (PH 3, 1497)

Das in der realen Geschichte anwesende eschatologische Potenzial des Noch-Nicht entspricht diesem gnostischen Wissen um diese unterdrückte und verdrängte Weisheit der Schlange. Zwei aufschlussreiche Hinweise verwendet Bloch zu seiner Konstruktion der gnostischen beziehungsweise hypermessianischen Tradition: zunächst den auf die Existenz der antiken jüdischen Sekte der Ophiten oder Nassener, dann den auf die häretische Tradition der jüdischen Kabbala des 17. Jahrhunderts, die von der messianischen Bewegung um Sabbatai Zwi ihren Ausgang nahm. Dabei stützt sich Bloch auf die Forschungen von Hans Leisegang zur Gnosis aus dem Jahr 1924.

»Es waren die Naassener oder Ophiten (naas, ophis = Schlange), eine zweifellos bereits jüdische Ketzersekte, lange bevor sie als christlich-gnostische, um 100 n. Chr., auftrat, welche *die Umwertung der Paradiesschlange in bezug auf Jesus, als Usurpator Jahwes,* endgültig vollzogen. Sie deuteten die Schlange als das lebenerzeugende Prinzip in der unteren Welt, aber nicht nur im welterhaltenden, also bösen Sinn. Sondern die Paradiesschlange ist zugleich das Symbol der weltsprengenden Vernunft.« (PH 3, 1497; Hervorhebungen im Original)

Die gegengeschichtliche Tradition der messianischen Rebellion des Sohnes lässt sich nun als Symbolik rekonstruieren, die mit der Schlange als satanische Rebellion der Verführung und Erbsünde im Paradies einsetzt, dann in Moses' Exodus aus Ägypten zum Symbol des Lebens erhoben wird, um dann bei Jesus als dem Messias zu kulminieren. Bloch zieht die Linie dieser Tendenz bis zur Lehre vom Heiligen Geist in der joachitischen Apokalypse.

»Der Vollender ist bei Tertullian der Paraklet, zu ihm hin sind Adam, Moses und Jesus bezogen, in ihm erst geschieht die ›ultima legislatio‹ als eine in ›libertatem perfectam‹. Es ist unschwer, von diesem Parakletbegriff die Verbindung zu mittelalterlichen Chiliasmen zu finden, vor allem zu Joachim di Fiore und seiner Lehre vom Dritten Reich.« (PH 3, 1502)

Diese Identifikation des Messias mit der Schlange, Prinzip der Sünde und Rebellion gegen Gottes Ordnung, beschreibt Bloch auch am Beispiel der häretischen Kabbala. Er bezieht sich auf das Kapitel über die häretische messianische Bewegung von Sabbatai Zwi in Gershom Scholems *Die jüdische Mystik in ihren Hauptströmungen.* Damit ergibt sich ein weiterer Aspekt der Identifikation von Schlange und Messias, der die christlich-gnostische Gleichstellung jüdisch begründet. Bloch bezieht sich auf einen messianischen Traktat des Propheten und Ideologen der messianischen Bewegung um Sabbatai Zwi, Nathan von Gaza, die im 17. Jahrhundert die gesamte jüdische Welt erfasst hat.

»Und die spätere jüdische Geheimlehre, aus der Gnosis, aber auch aus unerloschener Folklore gespeist, hat den seltsamen Bezug zwischen Schlange und Messias durchaus nicht vergessen, sosehr auch die Rebellion gegen den Demiurgen zu einer gegen den üblichen Satan abgeschwächt ist. Nathan von Gaza, der Schüler des falschen Messias Sabbatai Zewi, um 1650, gab eine Schrift heraus: Derusch hatamimim, Abhandlung über die Drachen […]; sie gibt sich als Kommentar zu einer Sohar-Stelle über die Geheimnisse des ›Großen Drachens, der inmitten der Flüsse Ägyptens liegt‹ (Ez. 29,3). Nahasch, das hebräische Wort für Schlange, hat den gleichen Buchstaben-Zahlwert wie Maschiach, Messias; das erläutert die Abhandlung derart: Die Seele des Messias schien in den Abgrund, wo die dämonischen Mächte hausen, sie ist seit Beginn der Schöpfung als ›heilige Schlange‹ unter den Schlangen. In diesem Gefängnis ist die Messias-Seele gebunden, mithin in Ägypten, das als das Weltgefängnis schlechthin gilt, mit Pharao-Satan an der Spitze; erst mit Anbruch des Reichs der Gerechtigkeit wird die ›heilige Schlange‹ befreit und in oberirdischer Gestalt erscheinen.« (PH 3, 1498 f.)

Gegen alle realen Analysen, gegen jede Objektivität und geschichtliche Tendenz setzt die Flucht in die Gnosis eine esoterische Tendenz der gnostisch-messianischen

Erwartung, die nun ihrerseits als »Tendenz« diese abgetrennte reale Geschichte und Objektivität als eschatologische Phantasmagorie und Geistergeschichte begleitet. Der Traum von der anderen Welt, die sich ganz in eine nebulöse Transzendenz zurückzieht, ergibt sich zugleich aus dem »Noch-Nicht« wie aus dem »Nicht-Mehr« der Utopie, wörtlich: dem Nicht-Ort. Blochs Gnosis ist die Flucht in die entrealisierte Tendenz, die er auf joachitischer Grundlage zuletzt als Sukzession von Moses Exodus, Jesus Kreuzestod und drittem Evangelium rekonstruiert. Die entrealisierte Heilsgeschichte dieser Abfolge der drei Reiche von Vater, Sohn und heiligem Geist mündet in eine ebenso entrealisierte trinitäre Utopie von Judentum, Christentum und Revolution, die der Mythos von der Schlange symbolisieren soll. Dieser Mythos, der immer und überall sich ereignen können soll, kann tatsächlich nur noch geglaubt werden. Der Mythos kehrt damit als völlig subjektivierte Sehnsucht und als magischer Glaube in die Dunkelheit des gelebten Augenblicks zurück, aus dem sie hervorging und deswegen jederzeit wieder hervorbrechen kann, um als Aktion und Gewalt ein Desaster realer Zerstörung und nihilistischer Verzweiflung zu erzeugen.

Der von Bloch zitierte sabbatianische Traktat von der Schlange und dem Messias, die im Abgrund der Welt ihrer Erweckung durch die messianische Aktion harren, sollte in der messianischen Erlösungstat des Sabbatai Zwi in die Objektivität und Realität übersetzt werden, um diese Realität zu zerstören. Den Aufruf zum Exodus aus dem Exil, aus Herrschaft und Unterdrückung in die Heimat des gelobten Landes, hat dieser Messias dadurch beglaubigt, dass er die bisher gültigen mosaischen Gesetze der Tora bewusst übertreten hat, um den Anbruch des messianischen Zeitalters und der ganz anderen Wirklichkeit durch diese subjektiven antinomistischen Aktionen anzuzeigen. Die Erlösung vom Gesetz dieser Welt sollte durch Negation und Destruktion dieser Ordnung hier und jetzt ins Werk gesetzt werden. Der messianische Exodus, angetreten im Glauben an die unmittelbar bevorstehende Erlösung, endete, nachdem die jüdischen Massen aus ganz Europa alles stehen und liegen gelassen hatten, um dem Messias nach Palästina zu folgen, in Zerstörung, Enttäuschung und Verzweiflung über die ausbleibende Erlösung. Der Messias selbst hatte 1666 im türkischen Gefängnis den islamischen Glauben angenommen und sich aus der messianischen Affäre in die verborgenen Abgründe der Realgeschichte zurückgezogen. Der messianische Utopismus erfüllte sich in Wirklichkeit im nihilistischen Rückzug, was freilich nicht verhinderte, dass sich die berufenen messianischen Ideologen von Sabbatai Zwi dazu inspirieren ließen, diesem Rückzug einen messianischen Sinn zuzuschreiben und in ihm nur die Initiative zu einer neuen, unmittelbar bevorstehenden messianischen Aktion zu erkennen.

Der politische Messianismus überlebt immer wieder in der Ideologie ihres Vorläufers. Blochs Gnosis mündet konsequent im Wesen des Vorläufers und Verkünders, der die Aktion sowohl initiiert als auch sich aus ihr jederzeit zurückziehen kann. Der Vorläufer ist der stets schuldfreie Messias als *Katechon,* er entspricht der Erfüllung der immanent messianischen Hoffnung.

Der Messias und sein Vorläufer. Die utopische Trinität als Vorlage für eine Psychoanalyse der messianischen Geister

Blochs Gnosis ohne Gott ist der verzweifelte Versuch, die immanente Eschatologie vor ihren inneren Widersprüchen zu retten. Die gnostische Flucht nach vorne erweist sich dabei als Flucht ins Nichts. Der Exodus aus den real existierenden Verhältnissen hat sich in eine Weltflucht verkehrt. Die faktische Kapitulation vor der Objektivität perpetuiert so ihr Scheitern und kann mit der totalen Überforderung eines subjektiven politischen Handelns fortfahren, das antinomistisch gegen die bestehende Weltordnung anrennt und sich im Nihilismus vollendet. Die Flucht in die Gnosis entspricht so nicht nur einem eschatologischen *mauvais foi,* die Verwechslung von Weltverbesserung und Weltverweigerung ist Ausdruck einer fundamentalen Verweigerung des antinomistisch gestimmten Subjekts, ein konkretes Selbst zu werden. Weltverweigerung gründet in dem Surplus an Fantasie und Möglichkeitsbewusstsein, das schon Kierkegaard als existenziellen Trotz des Lebens diagnostiziert hat. Dieses Leben verbarrikadiert sich gegen jede Idee von Versöhnung mit der Welt wie mit dem eigenen Selbst, um den Schmerz der Endlichkeit nicht ertragen zu müssen.

Die gnostische Schlange als Symbol der messianischen Rebellion steht damit für keine Hoffnung mehr, sondern sie begründet eine eigene Hoffnungs- und Trostlosigkeit der Existenz, eine Leere, gegen die sie stets von Neuem aufbegehrt, um sich nur umso mehr in sie zu verstricken, bis diese Subjektivität sich selbst vollends in Fesseln geschlagen hat. Gnosis erweist sich in ihrer theologischen Bedeutung als »häretisch«, weil sie Flucht vor der göttlichen Liebe und Versöhnung, also Heilsverweigerung ist. Im Sinne der modernen Soziologie bezeichnet sie den Mythos, der sich der Säkularisation als Prozess von Entzauberung und Entmythologisierung entgegenstellt, ohne dessen Dialektik kritisch zu reflektieren. Gegen die Rationalisierung in Wissenschaft, Recht, Politik und Ökonomie wehrt sich das in seinem Narzissmus beschädigte Subjekt durch den Rückzug in den Mythos einer messianischen Verzauberung, ohne diese Dynamik von Rationalisierung und Mythologisierung in ihrer dialektischen Vermittlung aufzudecken und sich damit der Objektivität wieder zuwenden zu können. Mit dem unendlich radikalisierten messianischen Mythos hat Blochs Denken die Brücken zur objektiven Realität endgültig hochgezogen. Mythos und Magie dieser verzweifelten Verzauberung werden auch dann nicht auf den elektrisierenden Begriff der Revolution verzichten, wenn es explizit um etwas ganz anderes geht, nämlich um die Beschwörung der Jugend gegen Altern und Tod sowie des Protests gegen die »böse« Welt, die sich weigert, Heimat zu werden. Mit der marxistischen Stimmgabel lassen sich vor allem die Stimmungslagen des Unbehagens in der Kultur einfangen, die sich nicht der Unterdrückung, sondern den spätkapitalistischen Ausnahmebedingungen luxuriöser Lebensbedingungen verdanken: Notlosigkeit, Ziellosigkeit und Langeweile. Blochs Analysen dieses spätkapitalistischen Unbehagens wollen dieser Stimmungslage den revolutionären Stempel auch dann noch aufdrücken, wenn die dazu notwendigen Massen mit dieser Jugend gar nichts zu tun haben wollen. Es genügt, wenn die gelangweilte Jugendbewegung sich als deren Anwalt und Statthalter begreifen will.

»Mitten in den Konsumgesellschaften, mitten in den Wohlstandsgesellschaften brechen die Revolutionen aus, weil die Langeweile, genau wie die Not, in sich einen Anstoß enthält, mit ihr zu brechen. [...] Dieses langweilige, inhaltlose Leben, das nur aus Reproduktion der Arbeitskraft besteht ohne ein Ziel, diese fehlende Zielhaftigkeit, die Mangelkrankheit an Sinn führen dazu, daß ein Zustand erreicht wird, der unmenschlich ist.«

Auch ohne revolutionäre Legitimität kann die Langeweile als ein Unbehagen in der Kultur einen revolutionären Funken zünden: als Aufstand gegen die moderne Kultur und ihre entfremdenden Rationalisierungen:

»Derart bricht aus der Langeweile eine nicht nur ökonomisch bedingte Unzufriedenheit, die der Erbitterung gegen alles Unterdrückende, Manipuliertmachende, alles Leben Automatisierende, vom allgemeinen Management bis hin zum Besonderen akademischen Patriarchentums.«

Solange die Vision von der konkreten Utopie dieses »Dunkel des gelebten Augenblicks« zu lichten vermag, kann also die Hoffnung auf »ein[en] intellektuelle[n] Generalstab zur Umwälzung unserer Wirklichkeit« (AvdU, 82) immer wieder neu entzündet werden, kann Jugend noch einmal mobilisiert werden.

Max Weber hat den jungen Ernst Bloch in diesem Sinn treffend als »Vorläufer des Messias« bezeichnet. »›Gerade war ein neuer jüdischer Philosoph da‹, [...] ›ein Jüngling mit enormer schwarzer Haartolle und ebenso enormem Selbstbewußtsein; er hielt sich offenbar für den Vorläufer eines neuen Messias und wünschte, daß man ihn als solchen erkannte.‹« Damit hat der Theoretiker der Entzauberung den Magier der messianischen Verzauberung getroffen und dessen Rolle als »Vorläufer« in Daueranstellung benannt. Dessen Wesen ist das Versprechen auf Kompensation für den fortschreitenden Sinnverlust durch Rationalisierung und Säkularisation, für die magische Rückerstattung von Sinn und Mythos durch die revolutionäre Geste, den Geist des Widerstands, die rebellische Aktion, deren Effektivität nicht unter Beweis gestellt zu werden braucht, weil sich ihr Scheitern immer aus einer falschen Aktion erklären lässt: der Augenblick ist noch nicht gekommen.

Dennoch, vielmehr gerade deswegen hat Blochs Gnosis ohne Gott in der deutschen Studentenbewegung eine komplexe Funktion übernehmen können, die nicht die konkrete Utopie, sondern ein konkretes Bedürfnis betraf: Die gnostische Formel von der Rebellion gegen den mörderischen Gottvater hat dem bürgerlichen Unbehagen dieser Jugend, ihrer Notlosigkeit und Langeweile die spezifische revolutionäre Stoßrichtung verliehen, der es gar nicht um eine proletarische Revolution zu tun war. Der Aktionismus der Studenten gegen die real existierende Demokratie war genauso blind, wie er durch diese gnostische Assoziation seine eigenen hellseherischen Qualitäten entfaltete. Der blinde Aktionismus war der Aufstand gegen die politische Gnosis der Väter mit eben den Mitteln der Gnosis. Wo die nationalsozialistischen Väter ihre eigene Phantasmagorie vom »Dritten Reich« gegen den absoluten jüdischen Rassefeind konstruiert hatten, um sich von ihrem eigenen Kulturunbehagen durch dessen systematische Vernichtung zu »erlösen«, fanden die mit Schuldgefühlen überladenen Söhne den gegenläufigen messianischen Mythos von einem dritten Reich der jüdisch-deutsch-revolutionären Einheitsfront gegen den mörderischen Vater. Die von dieser ausgehende Gewalt hatte nichts mit revolutionären Tendenzen der spätkapitalistischen Gesellschaft zu tun, ihre marxistische Parole diente lediglich der Legitimation der Gegengewalt gegen die mörderischen Väter. Der utopische Bund des jüdischen Vaters mit dem deutschen Sohn im »Heiligen Geist« der Revolution gegen den mörderischen Gottvater bestimmte weit über den politischen Aktionismus und dessen Scheitern hinaus die politische Psychologie dieser Jugendbewegung. Bloch hat mit seiner messianischen Psychoanalyse des Noch-Nicht dem ödipalen Impuls der deutschen Söhne gegen ihre Väter eine ideale Legitimation geliefert. Die eschatologische Fantasie von der ganz neuen Erde und dem ganz neuen Himmel begründete sozusagen den psychologischen Sinn dieses Impulses. Mit der ödipalen Beseitigung des Vaters würde der messianische Sohn umgehend in eine ganz andere Welt, eine vergangenheitslose Zukunft einsteigen können.

Dem Vorläufer des Messias »entsprach« im Sinne dieser protognostischen Szene der Geister und ihrer Gegengeister der selbst ernannte Messias dieser Jugendbewegung. Rudi Dutschkes Freundschaft mit Ernst Bloch erschien wie eine realisierte Darstellung der messianischen Antizipation eines befriedeten Vater-Sohn-Verhältnisses, das Bloch der ödipalen Dramaturgie entgegengestellt hatte – als utopischen Bund vom jüdischen Vater und deutschchristlichen Sohn im heiligen Geist der Revolution. Es war dieser utopische Vorschein einer messianisch befriedeten Union von Vater und Sohn, von Juden und Deutschen, mit der der »Sprung« und »Einbruch« einer ganz anderen Welt schon verwirklicht zu sein schien. Tatsächlich war also die revolutionäre Veranstaltung mit ihrer Fantasie von einer ganz anderen Welt auf eine Revolution der deutschen Identität hin angelegt, auf eine Art enharmonische Verwechslung von der deutschen Identität des Sohnes mit der jüdischen Identität des Adoptivvaters. Die utopische Psychoanalyse Blochs enthielt sozusagen ein unwiderstehliches Rollenangebot, das, als utopische Idylle imaginiert, in Wahrheit die Rebellion des deutschen Sohnes auch noch gegen diesen messianischen Vater enthielt. Wie die Utopie der Vermittlung von Leben und Form, so konnte auch diese utopische Trinität von Vater, Sohn und revolutionärem Geist keinen Bestand haben. Auch die messianische Psychoanalyse vom trinitarischen Bund sollte sich in einem letzten ödipalen Aufstand des Sohnes gegen den messianischen Vater entladen. Spätestens mit dem endgültigen Scheitern des Aufstands war die Führungsrolle des jüdischen Vaters infrage gestellt. Blochs utopische Psychoanalyse des Noch-nicht-Bewussten vermochte die ödipale erste Phase des Angriffs auf den »mörderischen Vater« mit der messianischen Utopie der befriedeten jüdisch-deutschen Trinität zu legitimieren, aber den nächsten Schritt ins Reich der utopischen Imagination und der messianischen Selbsteinsätze nicht aufzuhalten. Der Vater-Sohn-Konflikt entwickelte sich in den verschiedenen Phasen der Revolution weiter und unterminierte zuletzt auch Blochs utopische Psychoanalyse. Der Bruch zwischen Vater und Sohn war sozusagen der psychologische Reflex der messianischen Aporie von Leben und Lebensform, existenzieller Ausdruck für die Unmöglichkeit des eschatologischen Augenblicks.

Die Nachgeschichte der 68er-Bewegung, die der erste Teil dieses Essays untersucht, entsprach einer Phänomenologie der Geister, deren verschiedene Phasen die psychologischen Voraussetzungen dieser Geistergeschichte hinter den Kulissen auch politisch einstimmen sollten. Zunächst hat der messianische Enthusiasmus des deutschen Sohnes seinen unmittelbaren Ausdruck in dem eigenen messianischen »Selbsteinsatz« gegen den jüdischen Jahwe und Vater gefunden. Die messianische Rollenübernahme hatte ihren unmittelbaren Reflex in der messianischen Substitutionstheologie, mit der die deutschen Söhne gleichsam die Rolle von einem »Israel im Geiste« einnahmen, die sich gegen die (über-)lebenden Juden, das »Israel im Fleisch«, richtete, die im zionistischen Staat und in den jüdischen Gemeinden in Deutschland versuchten, nach Auschwitz wieder ein Leben aufzunehmen. Diese sollten bald sogar zum politisch-theologischen Feind werden, weil sie im Bund mit dem amerikanischen Imperialismus und dem deutschen Staatskapitalismus gegen die palästinensische Befreiungsbewegung standen. Der Zusammenbruch der Bewegung nach den terroristischen Aktionen, zu denen ein geplanter Bombenanschlag auf das jüdische Gemeindehaus gehörte, bedeutete einen dramatischen Einschnitt in der Phänomenologie dieser Geister. Denn nun wollte der messianische deutsche »Partisan« (Carl Schmitt), nunmehr im Gefängnis Stammheim, die Rolle des jüdischen Opfers im Konzentrationslager einnehmen. Er avancierte jetzt, im Sinne seiner pseudotheologischen Funktion als Israel im Geiste, zum wahren Opfer von Auschwitz, das – anders als die realen Überlebenden – die politische Bedeutung des KZ begriffen haben wollte. Diese politische Metaphysik von Stammheim hat weit über den Kreis der Terroristen hinaus eine ganz neue Stimmungslage vorbereitet: Der deutsche Sohn als das ehemalige messianische Subjekt imaginierte sich plötzlich als Opfer der Nazi-Väter. Die Söhne waren nun die tragischen Opfer eines Geschichtsdramas, dem sie sich, wie bei Botho Strauß und Peter Sloterdijk, nunmehr heroisch und existenziell im souveränen Alleingang widersetzen wollten.

Diese einzelnen Phasen des utopischen »Selbsteinsatzes« des deutschen Sohnes in die Rolle des jüdischen Vaters haben die politische Psychologie einer Generation immer schon unterschwellig mitbestimmt. Die Metamorphosen dieser Nachgeschichte sind noch zu schreiben, sie wirken auch nach der Abwanderung der Geister in den intellektuellen Untergrund nach. Blochs messianische Psychoanalyse war das Korrelat zu seiner politischen Gnosis. Sie sollte den ödipalen Akt der jesuanischen Rebellion gegen den mörderischen Vater in der messianischen Koalition aus christlich-deutschem Sohn und jüdischem Vater im Geist der Revolution ergänzen und vollenden. Der ödipale Konflikt sollte aus der Perspektive einer messianischen Versöhnung erst legitimiert werden. An die Stelle des realen Vaters rückte der adoptierte jüdische Vater, der Modell für einen Identitätssprung des deutschen Sohnes in die ganz andere messianische, jüdische Zugehörigkeit stand: Korrelat der eschatologischen Figur von der ganz neuen Erde und dem ganz neuen Himmel. Es war die Autopoiese des ganz neuen Ichs, das sich mit den Mitteln der ödipalen und realen Gewalt den Zugang zu einem Ich jenseits der deutschen Schuld erkämpfen wollte. Das war der eigentliche Sinn des Auszugs der deutschen Söhne aus ihrer selbst verschuldeten Unmündigkeit: Die Emanzipation vom Reich der Macht und Herrschaft sollte sich als Auszug aus der Schuld erweisen. Erst wenn dieser Begriff – traditionell theologisch handelt es sich um den säkular belasteten Begriff der Sünde – in seiner Tiefendimension für die Konstitution der Subjektivität erfasst wird, erst wenn die Freiheit sich der eigenen Fehlbarkeit und Schuldfähigkeit stellt, kann der dämonische Spuk der imaginären Identität des schuldlosen Ichs und seiner impliziten Gewalt gebannt werden. Erst mit dem Auszug aus der politischen Gnosis der Schuldentlastung wird Aufklärung, über sich selber aufgeklärt, auch im »Dunkel des gelebten Augenblicks« ihre Freiheit verwirklichen können. Das wäre der Zusammenschluss der Zeiten, der Augenblick der Restitution des Augenblicks als Einheit der Zeitekstasen von Vergangenheit und Zukunft in der realen Gegenwart, und zugleich der Anfang einer anderen eschatologischen Zeit, in der Versöhnung dann wirklich »vorscheinen« könnte. Es wäre der Anfang einer Versöhnung zwischen Vater und Sohn, die sowohl die ödipale als auch die immanent-messianische Szene transzendieren würde: Es wäre die vom Propheten Maleachi vorgesehene Szene, in der der Prophet Elias das Herz der Söhne den Vätern, das Herz der Väter den Söhnen zuwenden wird – die jüdische Vision einer messianischen Versöhnung, die das Christentum in der Theologie der Trinität komprimiert vorzudenken suchte.

Quellen und Literatur

Häufig zitierte Werke und ihre Abkürzungen

AiC	Atheismus im Christentum (Ernst Bloch)
AvdU	Abschied von der Utopie (Ernst Bloch)
DeM	Der eindimensionale Mensch (Herbert Marcuse)
PH	Das Prinzip Hoffnung (Ernst Bloch)
RT	Repressive Toleranz (Herbert Marcuse)
TM	Thomas Münzer als Theologe der Revolution (Ernst Bloch)
TuG	Triebstruktur und Gesellschaft (Herbert Marcuse)
VüB	Versuch über die Befreiung (Herbert Marcuse)

Träume eines Geistersehers – unhistorische Überlegungen

Der vorliegende Essay geht zurück auf einen Vortrag, der auf der Tagung »Jewish Voices in the German Sixties« im Juni 2011 auf Schloss Elmau gehalten wurde.

Das Interview mit Joseph Martin (Joschka) Fischer erschien im Tagesspiegel, 30. Dezember 2007. Vgl. zu seiner politischen Frühgeschichte auch Joschka Fischer, Regieren geht über Studieren. Ein politisches Tagebuch, Frankfurt a. M. 1987, sowie ders., Mein langer Lauf zu mir selbst, Köln 1999; ferner Sibylle Krause-Burger, Joschka Fischer. Der Marsch durch die Illusionen, Taschenbuchausgabe der völlig überarb. und aktualisierten Neuausg., Reinbek bei Hamburg 2000.

Das Zitat »zwei Deutsche, Genossen …« ist entnommen Joschka Fischer, Von grüner Kraft und Herrlichkeit, Reinbek bei Hamburg 1984, 34. Zur Historiografie der Flugzeugentführung von Entebbe und ihrer Bewertung vgl. Wolfgang Kraushaar, Die Bombe im jüdischen Gemeindehaus, Hamburg 2005; Gerd Koenen, Das rote Jahrzehnt. Unsere kleine deutsche Kulturrevolution 1967–1977, Köln 2001.

Symptomatisch und repräsentativ für diese Kehre der deutschen Linken steht Ulrike Meinhof, Drei Freunde Israels, in: dies., Die Würde des Menschen ist antastbar. Aufsätze und Polemiken, mit einem Nachw. von Klaus Wagenbach, Berlin 2004, 100–103.

Stephan Wackwitz hat die damalige Szenerie der 68er-Rebellion eindrücklich als Geisterwelt rekonstruiert: »Meine neue Lederjacke und ich jedenfalls, wir hatten uns, sobald seine Stimme [die von Ernst Bloch] ertönte, in einer anderen Zeit, in einem von Geistern erfüllten Land wiedergefunden. Goebbels, Hitler und Göring hatten in Berlin noch nicht gesiegt. Walter Benjamin trifft sich mit den Besitzern der 1976 über den Platz hallenden Stimme im Cafe und fragt dessen Braut Carola [Bloch], ob ihr jemals das kränkliche Aussehen der Marzipanschweine aufgefallen ist. Bald wird mein Großvater unter den Linden stehen, im Schein der Fackeln, unterm Winken des verholzten, fast schon mumienhaften Hindenburg […] seine Vorkriegshoffnungen in Adolph Hitler wiederauferstehen sehen. Bald werden meine Genossen in den Kellern und improvisierten SA Gefängnissen krank- und totgeschlagen werden.« Ders., Ein unsichtbares Land. Familienroman, Frankfurt a. M. 2003, 264.

Die Charakterisierung der deutschen Revolutionäre als gewaltbereite Tagträumer stammt von Gerd Koenen, Und in den Herzen Asche, in: Der Spiegel 35 (2001), 156–161, hier 161.

Von der Selbstidentifikation der 68er als »wahre Juden« zeugt ein Bericht von Gretchen Dutschke, den Stephan Wackwitz wiedergibt: »Wie viele andere, die nicht ganz verdrängen konnten […], hatte Rudi Schwierigkeiten mit seiner Identität als Deutscher. Manchmal resignierte er und glaubte, das Nachdenken über die Nazizeit aufgeben zu müssen. Die Schande war unermesslich groß. Um sich davon distanzieren zu können, bildete er sich ein, dass er ein Jude sei, den die Deutschen bei sich versteckt hätten. Diese Einbildung stützte er auf die Tatsache, daß er beschnitten war«. Ders., Ein unsichtbares Land, 257 f.

Zur Kunst des Geistersehens vgl. Immanuel Kant, Träume eines Geistersehers, in: ders., Sämtliche Werke, 6 Bde., hier Bd. 5, Leipzig 1921 (zuerst 1766).

Die beiden Zitate Theodor W. Adornos über die deutschen Studenten sind entnommen Detlev Claussen, Theodor W. Adorno. Ein letztes Genie, Frankfurt a. M. 2003, 23, und Leo Löwenthal, Schriften, hg. von Helmut Dubiel, 5 Bde., Frankfurt a. M. 1980–1987, hier Bd. 4: Judaica, Vorträge, Briefe, Frankfurt a. M. 1984, 174.

Adorno schreibt über die Monstrosität des Nationalsozialismus in ders., Was bedeutet Aufarbeitung der Vergangenheit?, in: ders., Erziehung zur Mündigkeit. Vorträge und Gespräche mit Hellmut Becker 1959–69, hg. von Gerd Kadelbach, Frankfurt a. M. 1970, 10–29, hier 10. »Nicht falsch aber ist …«, das Zitat ist entnommen ders., Negative Dialektik, in: ders., Gesammelte Schriften, hg. von Rolf Tiedemann. Unter Mitw. von Gretel Adorno, 20 Bde., hier Bd. 6, Frankfurt a. M. 2003, 355 f.

Das Zitat Sigmund Freuds zu Romanfantasien von besseren und vornehmeren Eltern stammt aus ders., Der Familienroman der Neurotiker, in: ders., Studienausgabe, hg. von Alexander Mitscherlich, 12 Bde., hier Bd. 4: Psychologische Schriften, Frankfurt a. M. 1982, 226.

Mit Blick auf den ödipal motivierten Konflikt und das messianische Gegenbild sei ein weiteres Mal auf Stephan Wackwitz verwiesen, der aus Gretchen Dutschkes Erinnerungen zitiert: »Rudi bedeutete den Blochs in dieser Zeit fast so viel, wie sie ihm. Er personifizierte für sie das Prinzip Hoffnung und auch einen

Hauch von einer Kultur, die in Europa längst zerstört war, nämlich der linken, radikalen jüdischen Subkultur. Das war erstaunlich.« Carola Bloch hat diese Freundschaft zwischen Bloch und Dutschke ganz in den politisch religiösen Kontext der Christologie gestellt: »Aber wie ist es möglich, daß so viele in dieser verdorbenen Welt Christus lieben und verehren? Das ist ein Trost eigentlich, ein Zeichen, daß das Gute im Menschen da ist, daß er vom Guten angesprochen wird. Ernsts Optimismus hat seine Quelle in diesem Glauben an das Gute. Und Du, Rudi, hast auch diese Gnade um Dich.« Wackwitz, Ein unsichtbares Land, 259. Jürgen Miermeister beschreibt das Verhältnis des Philosophen Bloch zu Rudi Dutschke als eine geistige Vater-Sohn-Beziehung, wobei er beiden Personen messianische Aspirationen zuschreibt. Ders., Ernst Bloch, Rudi Dutschke, Hamburg 1996, 26.

Ernst Bloch spricht vom heiligen Geist der Revolution in ders., Atheismus im Christentum. Zur Religion des Exodus und des Reiches, Frankfurt a. M. 1973 (nachfolgend AiC), 191 f. Die trinitäre Konstruktion der revolutionären Tradition bestimmt Blochs Denken seit seinen Anfängen, als er die joachitische Drei-Reiche-Lehre aus der Perspektive einer Einheit von Judentum, Christentum und Revolution zu rekonstruieren trachtete. Auf gnostischer Grundlage versuchte Bloch eine solche utopische Konstruktion der Trinität zu entwickeln. Ders., Das Prinzip Hoffnung, 3 Bde., hier Bd. 3, Frankfurt a. M. 1973 (nachfolgend PH), 1494 f.

Zur Gleichsetzung von Stammheim mit Auschwitz durch die RAF-Terroristen vgl. Stefan Aust, Der Baader-Meinhof-Komplex, Hamburg 1985, 280. Hierzu auch die »literarischen« Beobachtungen von Wackwitz, Ein unsichtbares Land, 246: »In Wirklichkeit war Ulrike Meinhof spätestens damals wahrscheinlich schon längst geistesgestört. Wir aber glaubten eine Weile lang im Stammeln der Pythia die Stimme der Toten zu hören. Es war die Schrift an der Wand, der Geist von Hamlets Vater, das Wimmern der lebenden Skelette, das Schluchzen

Marjas mit dem Gesicht zur Wand, ›der politische begriff für toten trakt, köln, sage ich ganz klar, ist das gas. meine auschwitzphantasien da drin waren … realistisch.‹«

Zum Begriff der alleingelassenen »Findlinge« vgl. Peter Sloterdijk, Weltfremdheit, Frankfurt a. M. 1999, 14–25. Hier wird die Idee einer Philosophie der Geburt, wie Sloterdijk sie schon in *Zur Welt kommen – zur Sprache kommen. Frankfurter Vorlesungen* (Frankfurt a. M. 1988) entwickelt hat, zum Ausgangspunkt für eine enthusiastische Anthropologie, die sich ihrer biologischen und historischen Bedingungen nunmehr im heroischen Alleingang begibt. Zum Begriff des »Bocksgesangs« vgl. Botho Strauß, Anschwellender Bocksgesang, in: Der Spiegel, 8. Februar 1993, 202–207.

Für die Rede vom Konzentrationslager als Paradigma der Moderne vgl. Giorgio Agamben, Homo Sacer. Die souveräne Macht und das nackte Leben, aus dem Ital. von Hubert Thüring, Frankfurt a. M. 2002.

In zahlreichen Essays hat Jürgen Habermas nicht nur die Pathologien analysiert, die die Vergangenheit metaphysisch oder marxistisch verdrängen, er hat auch die spezifische politische Psychologie der Generation der Nachgeborenen kritisch durchleuchtet, um den für die Ethik der Erinnerung zentralen Begriff der kritischen Verantwortung herauszuarbeiten. Vgl. ders., Vom öffentlichen Gebrauch der Historie, in: ders., Eine Art Schadensabwicklung. Kleine politische Schriften, Teil 6, Frankfurt a. M. 1987, 137–148; ders., Keine Normalisierung der Vergangenheit, in: ebd., 11–17; ders., Nochmals: Zur Identität der Deutschen. Ein einig Volk von aufgebrachten Wirtschaftsbürgern?, in: ders., Die nachholende Revolution. Kleine politische Schriften, Teil 7, Frankfurt a. M. 1990, 205–224; ders., Was bedeutet Aufarbeitung der Vergangenheit heute? Bemerkungen zur doppelten Vergangenheit, in: ders., Die Moderne. Ein unvollendetes Projekt. Philosophisch-politische Aufsätze 1977–1992, 2., erw. Aufl., Leipzig 1992, 242–267.

Die deutsche Studentenrevolte und ihr Nachspiel der Identitäten

Das Interview mit Peter Sloterdijk findet sich im Spiegel 5 (2007), 29. Januar 2007, 148. Sloterdijk zitiert aus Thomas Mann, Die Buddenbrooks – Verfall einer Familie, in: Gesammelte Werke VI.1, Oldenburg 1960, 193.

Zur deutschen Studentenbewegung als verspäteter und nachholender Aufstand gegen ihre nationalsozialistischen Väter vgl. Jillian Becker, Hitler's Children. The Story of the Baader-Meinhof Gang, Philadelphia, Pa., 1977; Klaus Mehnert, Twilight of the Young. The Radical Movements of the 1960s and Their Legacy, New York 1977. Die Vater-Romane der 68er-Generation bestätigen diesen Befund. Vgl. Bernward Vesper, Die Reise. Romanessay, Frankfurt a. M. 1977; Christoph Mekkel, Suchbild. Über meinen Vater, Düsseldorf 1980; bes. Peter Schneider, Vati. Erzählung, Darmstadt/Neuwied 1987. Zur Übersicht hierzu vgl. Koenen, Das rote Jahrzehnt; Wolfgang Kraushaar, Die RAF und der linke Terrorismus, 2 Bde., Hamburg 2006; Götz Aly, Unser Kampf. 1968 – ein irritierter Blick zurück, Frankfurt a. M. 2008; Norbert Frei, 1968. Jugendrevolte und globaler Protest, München 2008. Zum Versuch der Studenten, die Versäumnisse ihrer Eltern zu kompensieren, vgl. Odo Marquard, Skepsis und Zustimmung. Philosophische Studien, Stuttgart 1994, 124.

Von der Verdrängung des Zivilisationsbruchs durch den Generationsbruch spricht Koenen, Und in den Herzen Asche, 161: »Ob man das mythisch-metaphorische Abbild dieses Vatermords, der mit dem (Selbst-)Opfer der Kinder gesühnt wird, in der antiken Legende von Ödipus finden will oder, wie unlängst Stephan Wackwitz, eher in Shakespeares Hamlet und dem abgründigen Todesspiel im Hause Dänemark: Alles läuft darauf hinaus, dass maßgebliche Teile dieser ersten deutschen Nachkriegsgeneration das Drama der ›unbewältigten Vergangenheit‹ noch einmal in fieberhaften Tagträumen und gewaltsamen Ausbrüchen durchgespielt haben. Ein Generationenbruch nach dem Zivilisationsbruch.«

Freud schreibt über die Effekte des ödipalen Vatermordes im Roman in ders., Der Familienroman der Neurotiker, 226; Stephan Wackwitz konzipierte in *Ein unsichtbares Land* die Geisterszene der 68er offenbar vor dem Hintergrund von Freuds Text literarisch als Familienroman.

Die Aussage Theodor W. Adornos über die deutschen Studenten stammt vom 5. Juni 1967, zit. nach Wolfgang Kraushaar (Hg.), Frankfurter Schule und Studentenbewegung. Von der Flaschenpost zum Molotowcocktail 1946–1995, 3 Bde., hier Bd. 1: Chronik, Frankfurt a. M. 1998, 254.

Das Drei-Phasen-Modell meines Essays folgt zum Teil grundsätzlichen Überlegungen zum messianischen Problem, die Jacob Taubes' Kritik an Gershom Scholem zum Teil zumindest vorgedacht hat. In Taubes' Essay *Der Messianismus und sein Preis,* abgedruckt in: ders., Vom Kult zur Kultur. Bausteine zu einer Kritik der historischen Vernunft. Gesammelte Aufsätze zur Religions- und Geistesgeschichte, hg. von Aleida und Jan Assmann, München 1996, 43–50, macht Taubes gegen Scholems dichotomische Konstruktion von äußerem jüdischen und innerem christlichen Messianismus eine Metamorphose geltend, die aus dem notwendigen Scheitern des äußeren die Konsequenz des inneren Messianismus ableitet, um aus der Perspektive von dessen Krise die gnostische Option zu skizzieren. Diese Logik der Metamorphose lässt sich auf zahlreiche historische Erscheinungen der messianischen Dynamik anwenden; ihre Erkenntnis mag zum Teil sogar aus der messianischen Dynamik der 68er-Bewegung selber gewonnen sein, in die Jacob Taubes involviert war. Zur Dialektik Georg Wilhelm Friedrich Hegels vgl. ders., Werke, 20 Bde., hier Bd. 3: Phänomenologie des Geistes, Werke III, Frankfurt a. M. 1970, 590.

Herbert Marcuse schreibt über die Generation der Väter wie folgt: »Wenn […] die Verletzung von Tabus die sexuelle Sphäre transzendiert und zu Weigerung und Rebellion führt, wird das Schuldgefühl nicht gemindert und unterdrückt […]. Nicht wir, sondern die Väter sind schuldig; sie sind nicht tolerant, sondern falsch; sie wollen sich von ihrer eigenen Schuld freikaufen, indem sie uns, die Söhne schuldig machen; sie haben eine Welt der Heuchelei und Gewalt geschaffen, in der wir nicht zu leben wünschen.« Ders., Versuch über die Befreiung, in: ders., Schriften, 9 Bde., Frankfurt a. M. 1978–1987, hier Bd. 8: Aufsätze und Vorlesungen 1948–1969, Frankfurt a. M. 1984 (nachfolgend VüB), 250.

Zur geschichtsphilosophischen Dimension von Auschwitz vgl. den programmatischen Satz aus Adorno, Negative Dialektik, 355: »Daß in den Lagern nicht mehr das Individuum starb, sondern das Exemplar, muß das Sterben auch derer affizieren, die der Maßnahme entgingen. Der Völkermord ist die absolute Integration, die überall sich vorbereitet, wo Menschen gleichgemacht werden, geschliffen, wie man beim Militär es nannte, bis man sie, Abweichungen vom Begriff ihrer vollkommenen Nichtigkeit, buchstäblich austilgt.«

Das Zitat »wie wenn die Geister der ermordeten jüdischen Intellektuellen …« ist entnommen Claussen, Theodor W. Adorno, 23.

Zur kapitalistischen Herrschaft vgl. Adorno, Was bedeutet Aufarbeitung der Vergangenheit?, 23: »Die ökonomische Ordnung und, nach ihrem Modell, weithin auch die ökonomische Organisation verhält nach wie vor die Majorität zur Abhängigkeit von Gegebenheiten, über die sie nichts vermag, und zur Unmündigkeit. Wenn sie leben wollen, bleibt ihnen nichts übrig, als dem Gegebenen sich anzupassen, sich zu fügen; sie müssen eben jene autonome Subjektivität durchstreichen, an welche die Idee von Demokratie appelliert.« Adorno bezieht sich auf Freuds *Das Unbehagen in der Kultur,* wenn er dessen

Kulturpessimismus in Erinnerung bringt, »daß die Zivilisation ihrerseits das Antizivilisatorische hervorbringt und es zunehmend verstärkt. [...] Wenn im Zivilisationsprinzip selbst die Barbarei angelegt ist, dann hat es etwas Desparates, dagegen aufzubegehren.« Ebd., 92.

Der Zusammenhang von Vernunft und Herrschaft in der *Odyssee* findet sich in Max Horkheimer/Theodor W. Adorno, Dialektik der Aufklärung. Philosophische Fragmente, Frankfurt a. M. 2003, 51.

Das Zitat »Beckett hat auf die Situation ...« entstammt Adorno, Negative Dialektik, 373 f.

Für die fiktive Anzeige der Gruppe Subversive Aktion vgl. Plakat »Suchanzeige«, in: Ralf Bentz u. a., Protest! Literatur um 1968. Eine Ausstellung des Deutschen Literaturarchivs in Verbindung mit dem Germanistischen Seminar der Universität Heidelberg und dem Deutschen Rundfunkarchiv im Schiller-Nationalmuseum Marbach am Neckar, 9. Mai bis 30. November 1998, Marbach am Neckar 1998, 194. Zu Marcion vgl. Adolf von Harnack, Marcion. Das Evangelium vom fremden Gott. Eine Monographie zur Geschichte der Grundlegung der katholischen Kirche, Leipzig 1921. Vgl. hierzu Jacob Taubes (Hg.), Religionstheorie und politische Theologie, 3 Bde., München u. a. 1983–1987, hier Bd. 2: Gnosis und Politik, München u. a. 1984.

Marcuse schreibt über die revolutionären Bewegungen in der Dritten Welt: »In Vietnam, in Kuba und in China wird eine Revolution verteidigt und vorangetrieben, die der bürokratischen Verwaltung des Sozialismus zu entgehen sucht. Die Guerillas in Lateinamerika sind von demselben subversiven Impuls beseelt: Befreiung.« Ders., VüB, 241. Zur erotischen Beziehung führt er aus: »Soweit diese Bedürfnisse und Befriedigungen ein Leben in Knechtschaft reproduzieren, setzt eine Befreiung Veränderungen in dieser Dimension voraus, das heißt: andere Triebbedürfnisse, andere Reaktionen des Körpers wie des Geistes.« Ebd., 256.

Für das Zitat aus Marcuses berühmtem Essay vgl. ders., Schriften, hier Bd. 8: Repressive Toleranz (nachfolgend RT), 156. In ders., Schriften, Bd. 5: Triebstruktur und Gesellschaft. Ein philosophischer Beitrag zu Sigmund Freud (1955), Frankfurt a. M. 1979 (nachfolgend TuG), 142, erhebt er die studentische Revolte in den Erwartungshorizont einer Tilgung der Spuren der Erbsünde.

Adornos Kritik an der studentischen Gewalt ist dokumentiert in: Brief Adornos an Herbert Marcuse vom 19. Juni 1969, zit. nach Kraushaar, Die Bombe im jüdischen Gemeindehaus, 98. Gegen die Konstruktion eines Konflikts zwischen Adorno und Marcuse wendet sich v. a. Hanning Voigts, Entkorkte Flaschenpost. Herbert Marcuse, Theodor W. Adorno und der Streit um die Neue Linke, Berlin/Münster 2010. Im Vorwort zu dieser Untersuchung verwirft Detlev Claussen den von ihm so bezeichneten »Tsunami von hobbyhistorischer Erinnerungsliteratur und abrechnungswütiger Billanzziehung« (ders., Einheit in der Differenz. Marcuse und Adorno als kritische Theoretiker, in: ebd., 7–17, hier 8), wozu er Peter Schneider und Götz Aly zählt, um das Bild so zu differenzieren, dass weder von diesem Konflikt zwischen Adorno und Marcuse, noch von dem eigentlichen Wahn der 68er-Bewegung viel übrig bleibt. Zum Protest des SDS gegen den israelischen Botschafter vgl. Kraushaar, Die Bombe im jüdischen Gemeindehaus, 89. Für eine allgemeine Übersicht hierzu vgl. Martin W. Kloke, Israel und die deutsche Linke. Zur Geschichte eines schwierigen Verhältnisses, Frankfurt a. M. 1990.

Das Interview von Günter Gaus mit Rudi Dutschke wurde am 3. Dezember 1967 in *Das Erste* ausgestrahlt.

Zur Stadtguerilla vgl. die Aussage des Schriftstellers Peter Schneider, der damals noch zum inneren Kreis um Dutschke gehörte: »Die Idee von der Stadtguerilla und vom bewaffneten Kampf in den Metropolen ist keineswegs in den Hirnen von ein paar isolierten Einzelkämpfern entstanden. Sie schwamm von

Anfang an mit im Gedanken- und Gefühlsstrom der 68er«. Zit. nach Aust, Der Baader-Meinhof-Komplex, 181.

Das Zitat »Die internationale Repression …« ist erschienen in Gaston Salvatore/Rudi Dutschke, Einleitung zu Ernesto Che Guevara, Schaffen wir zwei, drei, viele Vietnam. Brief an das Exekutivsekretariat von Ospaal (1967), <http://infopartisan.net/archive/1967/2667133.html> (14. Oktober 2017). Besonders aufschlussreich sind in diesem Zusammenhang die Diskussionen, die die Berliner Studenten mit ihrem Mentor Marcuse führten. Vgl. Herbert Marcuse, Das Ende der Utopie. Herbert Marcuse diskutiert mit Studenten und Professoren Westberlins an der Freien Universität Berlin über die Möglichkeiten und Chancen einer politischen Opposition in den Metropolen im Zusammenhang mit den Befreiungsbewegungen in den Ländern der Dritten Welt, hg. von Horst Kurnitzky und Hansmartin Kuhn, Berlin 1967. Hans Eugen Holthusen erinnert an die Affinität von Sartres Bewunderung für Che Guevara als dem »vollkommenste[n] menschliche[n] Wesen unserer Epoche« und der politischen Romantik der 68er, für die Guevara »zum Heilandsmodell einer Theologie der Befreiung« wurde. Ders., Sartre in Stammheim. Zwei Themen aus den Jahren der großen Turbulenz, Stuttgart 1982, 182. Holthusen stellt das Drama dieser westeuropäischen Revolutionäre in den Horizont von Dostojewskis Dämonen. In dem Nachwort zu Ernesto Che Guevara, Brandstiftung oder Neuer Friede. Reden und Aufsätze, hg. und mit einem Nachwort versehen von Sven G. Papcke, Reinbek bei Hamburg 1969, das Holthusen zitiert, zog ein gewisser Sven G. Papcke folgende revolutionäre Konsequenz: »Um dem Menschen die wirkliche Chance des Überlebens zu geben, muß man ihn töten.«

Zu den Flugblättern der Kommune 1 vgl. [o. A.], »Warum brennst du, Konsument?« Flugblatt Nr. 7 der Kommune 1, 24. Mai 1967, aus: Arbeiten mit Quellen, in: historicum.net, <http://www.historicum.net/no_cache/persistent/

artikel/5138> (14. Oktober 2017); Walter Delabar, »Burn, warehouse, burn!« Zu den Flugblättern der Kommune I, 10. Dezember 2007, in: literaturkritik.de, <http://www.literaturkritik.de/public/rezension.php?rez_id=11455> (14. Oktober 2017).

Dutschkes Rede von der »Machtergreifung« findet sich in: Gretchen Dutschke, Rudi Dutschke. Wir hatten ein barbarisches, schönes Leben. Eine Biographie, Köln 1996, 142f. Seine Aussage zum gegenwärtigen Stand der Produktivkräfte ist entnommen ebd., 143.

Für Dutschkes Satz »Sonst sind wir die wirklichen Juden!« vgl. ebd. Hierzu gehört offenbar auch die Fantasie des jungen Dutschke, er sei in Wahrheit der Sohn eines im Dritten Reich versteckten Juden. Diese Fantasie schildert u.a. Gretchen Dutschke in ihren Erinnerungen: »Wie viele andere, die nicht ganz verdrängen konnten […], hatte Rudi Schwierigkeiten mit seiner Identität als Deutscher. Manchmal resignierte er und glaubte, das Nachdenken über die Nazizeit aufgeben zu müssen. Die Schande war unermeßlich groß. Um sich davon distanzieren zu können, bildete er sich ein, daß er ein Jude sei, den die Dutschkes bei sich versteckt hätten. Diese Einbildung stützte er auf die Tatsache, daß er beschnitten war.« Wackwitz, Ein unsichtbares Land, 257f.

Das Zitat »Die rebellische Parole der Juden …« stammt aus Gretchen Dutschke, Rudi Dutschke, 220. Zu den Reaktionen der Westberliner auf die Studentenproteste vgl. ebd., 188f.

Zum Christus-Bild in der politischen Theologie Ernst Blochs vgl. ders., Thomas Münzer als Theologe der Revolution, Frankfurt a. M. 1977 (zuerst 1922; nachfolgend TM); ders., PH. Für Helmut Gollwitzer vgl. ders., Die Revolution des Reiches Gottes und die Gesellschaft, in: Paul Neuenzeit (Hg.), Die Funktion der Theologie in Kirche und Gesellschaft. Beiträge zu einer notwendigen Diskussion, München 1969, 129–155. Vgl. Brigitte Kahl/Jan Rehmann (Hgg.), Muss ein Christ Sozialist sein? Nachdenken über Helmut Gollwitzer, Hamburg 1994.

Für den politischen Messianismus bei Ernst Bloch und die Rolle Thomas Münzers darin vgl. ders., TM. Unter den zahlreichen Äußerungen Dutschkes vgl. v. a. Gretchen Dutschke, Rudi Dutschke, 176. Zu Dutschkes messianischem Bewusstsein vgl. Miermeister, Ernst Bloch, Rudi Dutschke, 13–15.

Zu Ernst Blochs politischer Gnosis der drei Reiche vgl. ders., PH 3, 1693. Die Interpretation seiner Freundschaft mit Rudi Dutschke als revolutionär utopische Trinität ist entnommen ders., AiC, 191. Bloch versuchte die klassische nizäische Theologie der Trinität von der Einheit von Gottvater und Sohn als utopisches Symbol einer noch ausstehenden Gottwerdung des Menschen zu deuten.

Gretchen Dutschkes Erinnerungen an das Attentat auf ihren Ehemann sind enthalten in dies., Rudi Dutschke, 197. Für dessen Selbstbild vgl. ebd., 282.

Das Zitat »Die Grenze zwischen …« von Ulrike Meinhof ist entnommen dies., Vom Protest zum Widerstand, in: dies., Die Würde des Menschen ist antastbar, 138–140. Für das Zitat »Die Klassenkämpfe entfalten …« vgl. [o. A.], Die Rote Armee aufbauen. Erklärung zur Befreiung Andreas Baaders vom 5. Juni 1970, in: Rote Armee Fraktion. Texte und Materialien zur Geschichte der RAF, bearb. von Martin Hoffmann, Berlin 1997, 24–26, hier 26.

Auf die geografische und mentale Nähe Palästinas zur Studentenbewegung hat vor allem Wolfgang Kraushaar aufmerksam gemacht, auf dessen Hinweise sich hier bezogen wird. Vgl. ders., Die Bombe im jüdischen Gemeindehaus. Die Stellungnahme des SDS vom September 1967 ist zit. nach ebd., 82. Für das Zitat »Die gegenwärtigen Annexionspläne …« vgl. ebd., 81.

Ulrike Meinhofs *Konkret*-Kolumne über das Bündnis zwischen dem deutschen Staat und dem israelischen Imperialismus vgl. dies., Drei Freunde Israels.

Für die Behauptung, dass Israel faschistisch geworden sei, vgl. Ernst Bloch, PH 2, 708; sowie Erich Fried, Höre Israel. Gedichte und Fußnoten, neue und erw. Aufl., Frankfurt a. M. 1983.

Das Flugblatt »Schalom und Napalm« zum Anschlag auf das jüdische Gemeindezentrum Berlin ist zit. nach Kraushaar, Die Bombe im jüdischen Gemeindehaus, 48. Für Dieter Kunzelmanns Auslassungen vgl. ebd. 68.

Die Zitate aus den Manifesten der RAF sind entnommen [o. A.], Das Konzept Stadtguerilla, 40; [o. A.], Über den bewaffneten Kampf in Westeuropa. Mai 1971, in: Rote Armee Fraktion. Texte und Materialien zur Geschichte der RAF, 49–111, hier 50; [o. A], Dem Volk dienen. Stadtguerilla und Klassenkampf. April 1972, in: ebd., 112–144, hier 128.

Bezüglich der geschichtlichen Stationen der RAF halte ich mich im Wesentlichen an die Dokumentation von Aust, Der Baader-Meinhof-Komplex.

Für Ulrike Meinhofs Manifest nach dem Massaker des Schwarzen September an der israelischen Olympiadelegation vgl. [o. A], Die Aktion des »Schwarzen September« in München. Zur Strategie des antiimperialistischen Kampfes. November 1972, in: Rote Armee Fraktion. Texte und Materialien zur Geschichte der RAF, 151–177. Das Zitat »Die Genossen vom …« ist entnommen ebd., 152.

Meinhofs Aussage zur gemeinsamen Zielsetzung von RAF und Schwarzem September ist zit. nach Aust, Der Baader-Meinhof-Komplex, 261. Für ihre Schlussfolgerung, dass für die Befreiung vom herrschenden System ein »totaler Krieg« nötig sei, vgl. ebd.

Das auf ihre Isolationshaft bezogene Zitat, in dem Meinhof ihre »Auschwitzphantasien« kundtut, ist zit. nach ebd., 280. Für Gudrun Ensslins Äußerung zum selben Thema vgl. ebd.; Gerd Koenen, Vesper, Ensslin, Baader. Urszenen des deutschen Terrorismus, Köln 2003, bes. 317. Koenen berichtet u.a. von dem Kommunikationssystem, das die RAF sich im Gefängnis aufgebaut hat und das die Namen aus Melvilles Roman *Leviathan* benutzte. Die zugrunde liegende Idee war offenbar, dass die RAF den Leviathan, bei Thomas Hobbes und Carl Schmitt Symbol des souveränen Staates, mit ihren terroristischen Aktionen erlegen wollten.

Die Verteidigungsrede des RAF-Anwalts Otto Schily ist zit. nach Aust, Der Baader-Meinhof-Komplex, 388. Das Zitat »Daß mittels militärischer ...« ist entnommen ebd., 389.

Zu dem komplexen Beziehungsgeflecht zwischen Bernward Vesper, Autor des Romans *Die Reise,* und seiner Exfrau Gudrun Ensslin vgl. Koenen, Vesper, Ensslin, Baader. Das Zitat »Ich kann dir ...« ist entnommen Vesper, Die Reise, 94 (Großschreibung im Original). Für die LSD-Halluzination des Ich-Erzählers vgl. ebd., 219–222.

Für eine weitere Auseinandersetzung eines Autors der 68er-Generation mit dem eigenen Vater vgl. Peter Schneider, Vati. Aus der Perspektive der Tochter beschreibt Ute Scheub, Das falsche Leben. Eine Vatersuche, München/Zürich 2006, die ähnlich wie in Peter Schneiders und Vespers Romanen die Nazivergangenheit des Vaters rekonstruiert. Die Zitate aus Schneiders Roman entstammen ebd., 29.

Zur Gegenwärtigkeit von Auschwitz äußerte sich Martin Walser in ders., Auschwitz und kein Ende (1979), in: ders., Über Deutschland reden, Frankfurt a. M. 1988, 24–31, hier 24. Für Jürgen Habermas' Stellungnahmen zum selben Thema vgl. ders., Vom öffentlichen Gebrauch der Historie, 137, und ders., Keine Normalisierung der Vergangenheit, 11. Das diesbezügliche Zitat von Botho Strauß ist entnommen ders., Anschwellender Bocksgesang, 204.

Martin Walsers unter dem Eindruck des Frankfurter Auschwitzprozesses geschriebener Essay erschien als ders., Unser Auschwitz (1965), in: ders., Heimatkunde. Aufsätze und Reden, Frankfurt a. M. 1968, 7–23. »Wenn in Auschwitz etwas Deutsches zum Ausbruch kam, was ist dann in mir das Deutsche, das dort zum Ausbruch kam?« Diese Frage, die tatsächlich an die Substanz der deutschen Identität rühre, leite einen Prozess der Selbstbeschäftigung ein, der dann zuletzt die Unmöglichkeit statuieren müsse, »Anteil zu nehmen am Schmerz der Opfer.« Ebd., 18.

Das Zitat aus Botho Strauß' implizit schicksalhafter Version der *Dialektik der Aufklärung* ist entnommen ders., Anschwellender Bocksgesang, 204. Bezüglich seines Standpunkts, dass Aufklärung nur als Bewusstwerden der mythischen und tragischen Dimension der Geschichte möglich sei, heißt es ebd., 205, folgerichtig: »Von der Gestalt der künftigen Tragödie wissen wir nichts. Wir hören nur den lauter werdenden Mysterienlärm, den Bocksgesang in der Tiefe unseres Handelns. Die Opfergesänge, die im Innern des Angerichteten schwellen. Die Tragödie gab ein Maß für das Erfahren des Unheils wie auch dafür, es ertragen zu lernen. Sie schloß die Möglichkeit aus, es zu leugnen, es zu politisieren oder gesellschaftlich zu entsorgen. Denn es ist Unheil wie eh und je; die es trifft, haben nur die Arten gewechselt, es wahrzunehmen, es anzunehmen, es zu nennen.« Interessant ist hier, dass der von der Tragödie Betroffene deren Betrachter zu sein scheint, nicht deren unmittelbares Opfer. Schon 1968 vermutete Hans Magnus Enzensberger angesichts solcher Tiraden: »Ich werde den Verdacht nicht los, daß es sich dabei um bloße Umkehrungen handelt. Allzu ähnlich sehen sich Selbstverachtung und Selbstlob, Selbstbemitleidung und Überheblichkeit.« Ders., Über die Schwierigkeit, ein Inländer zu sein, in: ders., Deutschland, Deutschland unter anderm. Äußerungen zur Politik, Frankfurt a. M. [3]1968, 7–13, hier 10.

Das Zitat »Es handelt sich …«, in dem Strauß' konservative Interpretation der *Dialektik der Aufklärung* zum Vorschein kommt, ist entnommen ders., Anschwellender Bocksgesang, 204.

Peter Sloterdijk entwarf seine postmessianische und machtorientierte Idee der Befreiung in ders., Kritik der zynischen Vernunft, Frankfurt a. M. 1983. Das Zitat »Seit der Auflösung …« findet sich in ebd., 23 f., das Zitat »Politisch und nervlich …« in ebd., 22. Den Vorfall zwischen Adorno und den barbusigen Studentinnen kommentierte er in ebd., 27.

Für Sloterdijks sokratisch mäeutisches Pathos vgl. ders., Zur Welt kommen – zur Sprache kommen, 88: »Sokrates ist einer der letzten Europäer, die an der archaischen Erkenntnis festhalten, daß männliche Bewußtseine ohne initiatische Vergegenwärtigung des Zurweltkommens zur Verwahrlosung verurteilt sind; daher wird er von seinem Gott genötigt, den jungen Freunden Geburtshilfe zu leisten.«

Sloterdijks Charakterisierung der 68er-Generation als die »Anlehnungsbedürftigen und die Süchtigen …« findet sich in ders., Weltfremdheit, 24. Sloterdijk will nun aber seine neue existenzielle Anthropologie, gerade indem sie sich von den melancholischen 68ern abwendet, als richtige Fortführung von Denkmotiven des radikalen Anhängers des Messianismus Ernst Bloch verstehen: »Der Existenzbegriff ist längst zur akademischen Spielmarke geworden – wo er auftaucht, wirkt er nostalgisch wie eine Postkarte aus dem Paris der fünfziger Jahre. Kaum noch deutet er auf das Unvermutete, Illegitime und Unheimliche, das dem ekstatischen Selbstbefund eigentümlich sein kann. […] Worum bei dem Wort in Wahrheit gespielt wird, hat […] Ernst Bloch in einer mündlichen autobiographischen Bemerkung festgehalten, die mir so wertvoll erscheint wie sein ganzes System; er habe eines Tages, als Kind von 10 Jahren vielleicht, aus heiterem Himmel sein Ich gespürt; ja es sei wie ein Blitz in ihn gefahren, daß er wirklich und unwiderruflich er selbst sei und daß er lebend aus sich selbst und seinem Körper nicht mehr herauskomme.«

Das Zitat »Der Held ist …« ist entnommen ebd., 23. Für die weiteren Zitate zu Sloterdijks »Helden« vgl. ebd., 28 f. Zu dessen *Ex-nihilo*-Konstruktion vgl. ebd., 44. Sloterdijk beschreibt mit dem absoluten Idealisten Johann Gottlob Fichte das, was er den Gipfel der Selbstbegeisterung bezeichnet: »Ich bin durchaus mein eigenes Geschöpf. […] [I]ch wollte nicht Natur, sondern mein eigenes Werk sein; und ich bin es geworden dadurch, dass ich es wollte.«

Für Jürgen Habermas' Fruchtbarmachung der Kritischen Theorie für die real existierende Demokratie vgl. ders., Theorie des kommunikativen Handelns, Frankfurt a. M. 1981. Während Habermas an der Tradition der Moderne als einem »unvollendeten Projekt« festhalten wollte (vgl. ders., Die Moderne – ein unvollendetes Projekt), war Sloterdijk spätestens mit seinem Buch über die »Weltfremdheit« ins Lager der Gegenaufklärung übergelaufen. Ein Höhepunkt dieser Debatte war der Medienskandal, der von Sloterdijks 1999 auf einer Konferenz auf Schloss Elmau gehaltenem Vortrag *Regeln für den Menschenpark* hervorgerufen wurde.

Das Zitat »Aufklärung ist ein …« ist entnommen Habermas, Keine Normalisierung der Vergangenheit, 147f. Seine Kritik am rechten »Obskurantismus« und am Linksfaschismus formulierte Habermas in ders., Die andere Zerstörung der Vernunft. Über die Defizite der deutschen Vereinigung und über die Rolle der intellektuellen Kritik. Aus der Niederschrift eines Gesprächs, in: Die Zeit, 10. Juni 1991, bzw. in ders., 1968 – Zwei Jahrzehnte danach, in: ders., Die nachholende Revolution, 19–38, hier 24.

Den Individualismus der 68er als Kritik an der Metaphysik betont Habermas in ebd., 26. Habermas stellt immer wieder eine Korrelation zwischen metaphysischem Denken und totalisierender Politik einerseits und der postmetaphysischen Bedingung für diesen Pluralismus der Lebensstile andererseits her. Vgl. ders., Was bedeutet Aufarbeitung der Vergangenheit heute?, 244.

Das Zitat »Je weniger Gemeinsamkeit …«, das die korrelative Beziehung von politischer Praxis und Erinnerung erläutert, ist entnommen ders., Vom öffentlichen Gebrauch der Historie, 144.

Die Verknüpfung des Lebens der schuldfrei Nachgeborenen mit »jenem Lebenszusammenhang, in dem Auschwitz möglich war«, bekräftigt Habermas in ebd., 140. Das Zitat, in dem er einen Anspruch der Ermordeten an die Nachgeborenen formuliert, ist entnommen ders., Keine Normalisierung der Vergangenheit, 141.

Das Zitat »Es ist um so …« entstammt ders., Vom öffentlichen Gebrauch der Historie, 143.

Habermas' Verweis auf Kierkegaard findet sich in ders., Geschichtsbewusstsein und posttraditionale Identität. Die Wertorientierung der Bundesrepublik, in: ders., Eine Art Schadensabwicklung, 159–179, hier 171f. Habermas bezieht sich hier auf Søren Kierkegaard, Entweder – oder, Köln/Olten 1960, 773. Für die Zitate, die Habermas' profane Lesart von Kierkegaards existenzieller Problematik des Ichs zum Gegenstand haben, vgl. ebd., 172f.

Nirgends scheint das virtuelle Geisterleben der deutschen Identitäten besser begriffen als in Günther Grass, Im Krebsgang. Eine Novelle, Göttingen 2002. Die beiden Helden dieses Dramas der Kinder von 68ern spielen über das Internet die neue deutsche rechtsradikale und die neodeutsche Identifikation eines Protestanten mit dem Judentum so nach, dass diese virtuelle Konfrontation mit einem realen Mord endet, der die Geschichte wie unter mythischem Zwang wiederholt.

Die Rede vom Lager als »biopolitisches Paradigma der Moderne« stammt von Giorgio Agamben. Vgl. ders., Homo Sacer, Überschrift des dritten Kapitels.

Für Walter Benjamins Denken des Sillstands vgl. ders., Ursprung des deutschen Trauerspiels, in: Gesammelte Schriften, Bd. 1/1, Frankfurt a. M. 1980.

Das Zitat »Der Fürst, bei dem …« ist entnommen ebd., 250. Hier findet sich auch der berühmte Bezug auf Carl Schmitt, Politische Theologie. Vier Kapitel zur Lehre von der Souveränität, München 1922. Für den »wirklichen Ausnahmezustand«, der nur vom Messias herbeigeführt werden könne, vgl. Walter Benjamin, Über den Begriff der Geschichte, These VIII, in: ders., Gesammelte Schriften 1.2, Frankfurt a. M., 1980, 697, sowie ebd., B, 704: »Den Juden wurde die Zukunft aber darum doch nicht zur homogenen und leeren Zeit. Denn in ihr war jede Sekunde die kleine Pforte, durch die der Messias eintreten konnte.« Für das Zitat aus dem *Theologisch-politischem Fragment* vgl. ders., Theologisch-politisches Fragment, in: Gesammelte Schriften 2.1, Frankfurt a. M., 1980, 203.

Gershom Scholems Rolle für die Benjamin-Rezeption ist v. a. begründet durch ders., Walter Benjamin und sein Engel. Vierzehn Aufsätze und kleine Beiträge, hg. von Rolf Tiedemann, Frankfurt a. M. 1983. Unter den unzähligen Arbeiten und Kommentaren zu Benjamin, die sich durch Scholem inspirieren ließen, seien hier nur zwei erwähnt: Stéphane Mosès, Der Engel der Geschichte. Franz Rosenzweig, Walter Benjamin, Gershom Scholem, Frankfurt a. M. 1994; Sigrid Weigel, Walter Benjamin. Die Kreatur, das Heilige, die Bilder, Frankfurt a. M. 2008. Zu Scholems »Katechismus« vgl. ders., Wider den Mythos vom deutsch-jüdischen »Gespräch«, in: ders., Judaica 2, Frankfurt a. M. 1977, 7–11; ders., Noch einmal: Das deutsch-jüdische »Gespräch«, in: ebd., 12–19; ders., Juden und Deutsche, in: ebd., 20–46.

Das Zitat »Diese radikale Identität …« von Joschka Fischer ist entnommen ders., Von grüner Kraft und Herrlichkeit, 102. Vgl. Paul Berman, The Passion of Joschka Fischer. From the Radicalism of the '60s to the Interventionism of the '90s, in: New Republic 36 (2001), <https://newrepublic.com/article/78957/the-passion-joschka-fischer> (14. Oktober 2017). Müdigkeit an der (Selbst-)Kritik der 68er kennzeichnet das Interview mit Fischer im *Tagesspiegel* vom 3. Oktober 2012: »Halten wir fest: Die 68er sind an allem schuld.« Fischer erinnert an die Atmosphäre in Schule und Öffentlichkeit, die von der verborgenen Präsenz der Vergangenheit geprägt war, und betonte die radikale Liberalisierung des »Lebenszusammenhangs«, der viele Rebellen vor dem Abdriften in Gewalt und Terror bewahrte.

Zu Fischers »Marsch durch die Illusionen« vgl. Krause-Burger, Joschka Fischer. Der Untertitel *Der Marsch durch die Illusionen* nimmt eine Formel Fischers aus seinem Buch *Mein langer Lauf zu mir selbst* auf und variiert sie im Sinne der 68er-Rhetorik.

Fischer berichtet über die antisemitische Selektion während der Flugzeugentführung von Entebbe in ders., Von Grüner Kraft und Herrlichkeit, 34.

Seine früheren Aussagen anlässlich des ersten Libanonkriegs, in denen er den israelischen Waffengang mit dem Vernichtungskrieg der Nazis gleichsetzte, sind zit. nach ebd., 30. Das Zitat »daß man als Kind …« ist entnommen ebd., 31.

Das Zitat »Man soll die Welt …« findet sich in ebd., 20. Für die Zitate, in denen Fischer vor dem Opium einer messianischen Intoxikation warnt und für die Rettung »des Politischen« wirbt, vgl. ebd., 27. Für seine Kritik an der radikalen Antipolitik der 68er vgl. ebd., 105.

Für Fischers Einsicht in die Knappheit elementarer Ressourcen vgl. ebd., 106. Das Zitat, in dem er eine »begrenzte Anarchie« in der Politik anmahnt, ist entnommen ebd., 131.

Das Zitat »Bei uns hat sich …« findet sich in ebd., 39. Fischers Einsicht in die Wesensverwandtschaft zwischen arabischen Terroristen und ehemaligen Maoisten und das damit verbundene Scheitern der revolutionären Ideologie ist zit. nach ebd., 37. Für das Zitat, in dem er einem »dauerhaften Frieden zwischen Juden und Arabern« das Wort redet, vgl. ebd., 139.

Die Zitate aus Fischers Bundestagsrede vom 23. Juni 1983 sind entnommen ebd., 144 und 150. Fischers Erinnerung an Benjamin, der mit seinem Selbstmord dem Konzentrationslager entkommen wollte und in den Köpfen der ehemaligen

Rebellen weiterlebte, zeugt von einer besonderen Sensibilität für das Nachleben der Toten. Im Zusammenhang mit der Schuldgeschichte der 68er, die die in Auschwitz getöteten Juden gegen ihre Eltern vertreten wollten, entwarf Joschka Fischer im Rückblick auf 1968 im *Tagesspiegel* vom 3. Oktober 2012 eine skurrile Geistervision von den Studenten, die die seit seinem Wandel erhobenen Verratsvorwürfe bis ins Grab verfolgen würden: »Dann wird es heißen, Was sterben die nun auf eine bürgerliche Art und Weise dahin? Und niemand wird die Gräber besetzen, sondern Grabplatz und Beerdigung werden ordentlich bezahlt werden.« Die morbide Vision enthält nicht nur die gruselige Vorstellung von den toten Studenten, die nunmehr Gräber besetzen statt Häuser. Sie setzt auch voraus, dass mit dieser Besetzung die in diesen Gräbern begrabenen Toten daraus vertrieben werden.

Der Ausgang aus der selbst verschuldeten Unmündigkeit als Auszug aus der Schuld

Dieses Kapitel ist eine bearbeitete Fassung von Christoph Schmidt, Jenseits von Herrschaft und Schuld. Marcuses politische Theologie zwischen Ödipus und Christus: Politische, ästhetische und erotische Eschatologie, in: Naharaim. Zeitschrift für deutsch-jüdische Literatur- und Kulturgeschichte 6 (2013), H. 2, 247–268.

Für Herbert Marcuses Einsicht in die zyklische Logik des Zivilisationsprozesse vgl. ders., TuG. Daneben beziehe ich mich auch auf ders., Schriften, Bd. 7: Der eindimensionale Mensch. Studien zur Ideologie der fortgeschrittenen Industriegesellschaft, Frankfurt a. M. 1989 (nachfolgend DeM); ders., VüB; und ders., RT. Für Sekundärliteratur vgl. v. a. Barry Katz, Herbert Marcuse and the Art of Liberation. An Intellectual Biography, London 1982; Jürgen Habermas (Hg.), Antworten auf Herbert Marcuse, Frankfurt a. M. 1968, Hans Albert, Plädoyer für kritischen Rationalismus, München 1971; Douglas Kellner, Herbert Marcuse. The New Left and the 1960s, New York 2005, bes. Einleitung; sowie Hanning Voigts, Entkorkte Flaschenpost. Herbert Marcuse, Theodor W. Adorno und der Streit um die Neue Linke, Berlin/Münster 2010.

Dass der revolutionäre Augenblick gegenwärtig noch nicht gekommen sei, bemerkt Marcuse in ders., Murder Is Not a Political Weapon, in: Kellner, Herbert Marcuse, 177–179.

Für die Rezeption Marcuses durch die Baader-Meinhof-Gruppe vgl. Koenen, Das rote Jahrzehnt; ders., Vesper, Ensslin, Baader; Kraushaar, Die Bombe im jüdischen Gemeindehaus; Aly, Unser Kampf; Habermas, Zum Geleit, in: ders. (Hg.), Antworten auf Herbert Marcuse, 9–16, hier 15. Habermas hatte schon damals vorsichtig nach der Gewaltdimension von Marcuses Denken gefragt, ohne auf deren eschatologische Dimension einzugehen: »Seit einem knappen Jahr stiftet der meistzitierte Satz Marcuses einige Verwirrung. Am Ende seines Aufsatzes *Repressive Toleranz* spricht Marcuse in Anführungszeichen von einem ›Naturrecht‹ auf Widerstand für unterdrückte und überwältigte Minderheiten: ›Wenn sie Gewalt anwenden, beginnen sie keine neue Kette von Gewalttaten, sondern zerbrechen die etablierte. Da man sie schlagen wird, kennen sie das Risiko, und wenn sie gewillt sind, es auf sich zu nehmen, hat kein Dritter, und am allerwenigsten der Erzieher und Intellektuelle, das Recht, ihnen Enthaltung zu predigen.‹ Ich würde wünschen, daß Marcuse diesen Satz noch einmal erläuterte.«

Eine grundsätzliche Kritik der eschatologischen Dimension in Marcuses Theorie formulierte Albert, Plädoyer für kritischen Rationalismus, v. a. in den Essays *Kritische Rationalität und politische Theologie. Zur Analyse der deutschen Situation*, 45–75, und *Wissenschaft und Verantwortung. Max Webers Idee rationaler Praxis und die totale Vernunft der politischen Theo-*

logie, 76–105. Vgl. ferner Michel Foucault, Der Wille zum Wissen, Frankfurt a. M. 1983, 17, wo der Diskurs vom herrschaftsfreien Sex als messianische Pseudotheologie ironisiert wird.

Für die politische Eschatologie Agambens vgl. ders., Herrschaft und Herrlichkeit. Zur theologischen Genealogie von Ökonomie und Regierung, aus dem Ital. von Andreas Hiepko, Berlin 2010. Vgl. auch Christoph Schmidt, Die Rückkehr des Katechons. Giorgio Agamben contra Erik Peterson, in: Giancarlo Caronello (Hg.), Erik Peterson. Die theologische Präsenz eines Outsiders, Berlin 2012, 609–631.

Für die Liebe als Gegenstand philosophischer Reflexion vgl. Martha C. Nussbaum, Love's Knowledge. Essays on Philosophy and Literature, New York 1990; Volkmar Sigusch, Neosexualitäten. Über den kulturellen Wandel von Liebe und Perversion, Frankfurt a. M./New York 2005; Jean-Luc Marion, The Erotic Phenomenon, Chicago, Ill./Bristol, Conn., 2006; Niklas Luhmann, Liebe. Eine Übung, hg. von André Kieserling, Frankfurt a. M. 2008; Alan Badiou, Éloge de l'amour, Paris 2009.

Den Gedanken einer vaterlosen Gesellschaft entwickelte Paul Federn, Zur Psychologie der Revolution. Die vaterlose Gesellschaft, Leipzig/Wien 1919.

Katz, Herbert Marcuse and the Art of Liberation, 154, berichtet von Marcuses Plan, mit Jacob Taubes zusammen eine Geschichte der Häresie als »Corpus hereticorum« zu schreiben.

Die psychoanalytische Kritik an der christlichen Religion beginnt wahrscheinlich mit Theodor Reik, Dogma und Zwangsidee. Eine psychoanalytische Studie zur Entwicklung der Religion, Wien 1927.

Für das Christusbild Erich Fromms, auf das sich Marcuse bezieht, vgl. ders., Die Entwicklung des Christusdogmas. Eine psychoanalytische Studie zur sozialpsychologischen Funktion der Religion, Wien 1931.

Zur Analogie von Marcuses und Heideggers Metaphysik vgl. Katz, Herbert Marcuse and the Art of Liberation, 58f. Katz rekonstruiert die Beziehung Marcuses zu Heideggers Projekt der Existentialontologie sehr genau, erwähnt aber nicht den auffälligen Zusammenhang, der zwischen Heideggers Konstruktion von Sein und Seinsvergessenheit und Marcuses Eros und Erosvergessenheit besteht. Für Ersteres vgl. etwa Martin Heidegger, Holzwege, in: ders., Gesamtausgabe, hier Bd. 5, Abt. 1, Frankfurt a. M. 1977, bes. 209–268 (Nietzsches Wort, Gott ist tot); sowie ders., Gelassenheit, Pfullingen 1959.

Die Verblendung des »eindimensionalen Menschen« im Spätkapitalismus charakterisiert Marcuse in ders., DeM, 26f., wie folgt: »Je rationaler, produktiver, technischer und totaler die repressive Verwaltung der Gesellschaft wird, desto unvorstellbarer sind die Mittel und Wege, vermöge derer die verwalteten Individuen ihre Knechtschaft brechen und ihre Befreiung selbst in die Hand nehmen können.«

Zu Heideggers Metaphysik der Technologie als Vollendung der onto-theologischen Metaphysik vgl. ders., Die Zeit des Weltbildes, in: ders., Holzwege, 75–114.

Das »Wollen des Nichtwollen« beschreibt Heidegger in ders., Gelassenheit, 30: »Nicht-Wollen heißt demnach, willentlich dem Wollen absagen. Der Ausdruck Nicht-Wollen bedeutet sodann noch jenes, was schlechthin außerhalb jeder Art von Willen bleibt.«

Nach Katz, Herbert Marcuse and the Art of Liberation, 63, hat Marcuse in einer Rezension zu Siegfried Marcks *Die Dialektik in der Philosophie der Gegenwart,* die 1930 unter dem Titel *Zum Problem der Dialektik I* erschien, Carl Schmitt scharf kritisiert; unüberhörbar aber ist bei Marcuse die spätere Wendung zu dessen Rhetorik aus einer linksaktivistischen Perspektive. Vgl. Schmitt, Politische Theologie, und ders., Der Begriff des Politischen. Ein kooperativer Kommentar, hg. von Reinhard Mehring, Berlin 2003.

Zur paradoxen Gleichzeitigkeit von linkem Terror und Bundeskanzler Brandts Plädoyer für mehr Demokratie vgl. Becker, Hitler's Children; Koenen, Das rote Jahrzehnt; Hans Kundnani, Utopia or Auschwitz? Germany's 1968 Generation and the Holocaust, New York 2009. Vgl. auch, Christoph Schmidt, The Israel of the Spirit. The German Student Movement of the 1960s and Its Attitude to the Holocaust, in: Dapim. Studies on the Holocaust 24 (2010), H. 1, 269–318.

Für die Versöhnung mit der liberalen und pluralistischen Demokratie vgl. Habermas, Theorie des kommunikativen Handelns; ders., Eine Art Schadensabwicklung; ders., Die nachholende Revolution; ders., Die Moderne – ein unvollendetes Projekt.

Die These von der Erledigung einer jeden politischen Theologie formulierte bekanntlich Erik Peterson gegen Carl Schmitts politische Theologie. Vgl. ders., Der Monotheismus als politisches Problem. Ein Beitrag zur Geschichte der politischen Theologie im Imperium Romanum, Leipzig 1935. Peterson begründete diese Erledigung theologisch mit der Trinitätstheologie. Die Nachgeschichte dieser »Erledigung« reicht von Carl Schmitt, Politische Theologie II. Die Legende von der Erledigung einer jeden politischen Theologie, Berlin [4]1996, bis zu Agamben, Herrschaft und Herrlichkeit.

Walter Benjamins Unentschiedenheit zwischen Politik und Theologie wird besonders deutlich in ders., Ursprung des deutschen Trauerspiels; ders., Über den Begriff der Geschichte, Anhang B; ders., Theologisch-politisches Fragment.

Zu Fischers Wandel vom radikal anarchistischen Straßenkämpfer zum Politiker der demokratischen Reform vgl. ders., Von grüner Kraft und Herrlichkeit; Kundnani, Utopia or Auschwitz?

Für Giorgio Agambens philologische Interventionen im Bereich der politischen Theologie und politischen Ökonomie vgl. ders., Herrschaft und Herrlichkeit; ferner Schmidt, Die Rückkehr des Katechons.

Kritik an der Liebesvergessenheit in der Moderne formulieren Marion, The Erotic Phenomenon; Luhmann, Liebe. Letzterer rekonstruiert den seit dem 18. Jahrhundert einsetzenden Prozess einer Autonomisierung der Liebe als Leidenschaft, der die bestehenden sozialen und religiösen Normen der Liebe aufhebt und einen Doppelprozess der Reflexion über das Wesen der Liebe und ihrer Sexualisierung in Gang bringt. Vgl. des Weiteren Sigusch, Neosexualitäten; Badiou, Éloge de l'amour.

Kairos und Krise – Ernst Blochs Philosophie der eschatologischen Formen und die Aporie des messianischen Augenblicks

Für Ernst Blochs Adaption der trinitarischen Geschichtstheologie vgl. ders., TM, 58 f.; auch ders., AiC, 245.

Zur existenziellen Anthropologie Georg Simmels vgl. ders., Das Individuelle Gesetz. Philosophische Exkurse, Frankfurt a. M. 1987. Dazu Arno Münster, Ernst Bloch. Eine politische Biographie, Berlin/Wien 2004, 41–48. Für Blochs messianische Perspektive auf das »Leben« vgl. Hans Ernst Schiller, Bloch – Konstellationen. Utopien der Philosophie, Lüneburg 1991, 139: »Der Augenblick ist das zentrale philosophische Problem, weil wir an ihm die Erfahrung der Nichtidentität machen, die Erfahrung der Vergänglichkeit, des Auseinanderklaffens von Sein und Reflexion.«

Die Einsicht in die Aporetik von Blochs Utopie ist schon früh aus theologischer wie marxistischer Richtung vorgetragen worden. Während der Theologe Jürgen Moltmann feststellt, die Gottesfrage sei mit Blochs »paneschatologischem Reichsbegriff noch nicht beantwortet« (Messianismus und Marxismus, in: Über Ernst Bloch, Frankfurt a. M. 1968, 59), macht Jürgen Habermas geltend, dass Bloch die Dialektik der Aufklärung überschreitet und er sein Denken »eher an der Entwicklung einer generell vermuteten Trächtigkeit der Welt« entwickelt, als »an der Lösung vom gesellschaftlichen Bann existierender Widersprüche« (Ein marxistischer Schelling, ebd., 81).

Zur vitalistischen Lebensphilosophie vgl. Henri Bergson, Einführung in die Metaphysik, Jena 1916; Georg Simmel, Lebensanschauung. Vier metaphysische Kapitel, in: ders., Gesamtausgabe, 19 Bde., hier Bd. 16, Frankfurt a. M. 2003 (zuerst 1918).

Den Augenblick der Erfüllung bei Goethe und Bloch erläutert Schiller, Bloch – Konstellationen, 138: »Indem Goethe die höchste Erfüllung, das höchste Dasein an den Augenblick bindet, hat er eine zentrale philosophische Wahrheit ausgesprochen. Sie ist für Bloch nur als Utopie zu begreifen. Das ›Verweile doch, du bist so schön‹, zum Augenblick gesagt, bezeichnet die Da-Seins-Utopie katexochen.«

Zum Lebensbegriff bei Ernst Cassirer vgl. ders., Philosophie der symbolischen Formen, in: Gesammelte Werke, 26 Bde., hier Bde. 11/12, Hamburg 2003 (zuerst 1923–1931); ders., Zur Metaphysik der symbolischen Formen, in: ders., Nachgelassene Manuskripte und Texte, Bd. 1, hg. von John Michael Krois unter Mitwirkung von Anne Appelbaum, Hamburg 1995.

Das Zitat »Dergestalt daß der erstaunlichste …« ist entnommen Ernst Bloch, Subjekt – Objekt. Erläuterungen zu Hegel, Frankfurt a. M. 1971, 402.

Saul Ascher formulierte seine Kritik des modernen Antisemitismus in ders., Eisenmenger der Zweite. Nebst einem vorangesetzten Sendschreiben an den Herrn Professor Fichte in Jena, Berlin 1794.

Das Zitat »Hegel wird kritisiert …« ist entnommen Bloch, Subjekt – Objekt, 393.

Blochs Vortrag über *Die neue Linke und die Tradition* ist abgedruckt in ders., Abschied von der Utopie, hg. von Hanna Gekle, Frankfurt a. M. 1980 (AvdU), 155–181.

Für Adolph von Harnacks protestantische Adoption Marcions vgl. ders., Marcion. Die Reaktualisierung der Gnosis wurde kritisch kommentiert von Leo Baeck, Harnacks Vorlesungen über das Wesen des Christentums, Breslau 1901; ders., Die Pharisäer. Ein Kapitel jüdischer Geschichte, Berlin 1934; sowie von Martin Buber, Zwei Glaubensweisen, Zürich 1950.

Zur Gnosis-Forschung Hans Leisegangs vgl. ders., Gnosis, Leipzig 1924.

Bei seiner Schilderung der messianischen Bewegung des Sabbatai Zwi bezieht sich Bloch auf Gershom Scholem, Die jüdische Mystik in ihren Hauptströmungen, 1980. Zum Messianismus des Sabbatai Zwi vgl. ders. Sabbatai Zwi. The Mystical Messias, Princeton, N. J., 1975. Aber auch ders., Erlösung durch Sünde, in: Judaica 5, Berlin 2015 (hebr.: Jerusalem 1964); ders., Die Krise des jüdischen Messianismus, in: Judaica 3, Frankfurt a. M. 1977, 152–197; ders., Die Metamorphose des häretischen Messianismus der Sabbatianer im religiösen Nihilismus im 18. Jahrhundert, in: Judaica 3, 198–246.

Die Zitate »Mitten in den Konsumgesellschaften …« und »Derart bricht aus …« sind entnommen Ernst Bloch, Politische Messungen, Pestzeit, Vormärz, Frankfurt a. M. 1970, 397.

Der Ausspruch Max Webers, in dem er Bloch als »Vorläufer des Messias« charakterisiert, ist zit. nach Münster, Ernst Bloch, 49.

Zur Freundschaft zwischen Bloch und Rudi Dutschke vgl. Miermeister, Ernst Bloch, Rudi Dutschke. Die weitestgehend unkritische Eloge auf diese Freundschaft lässt aufhorchen. Der Autor beschreibt hier »die beiden Propheten, wenn sie sich nicht ein wenig für den Messias selbst hielten«. Ebd., 13. Oder zu Dutschke, »Er ist ein Auserwählter, ein Charismatiker, ein Prophet der neuen Zeit, einer besseren Welt, ja, ein wenig der weltliche, verkehrte Jesus selbst, neuer, moderner, militanter Messias – wie Ernst Bloch, als der in Rudi Dutschkes Alter war.« Ebd., 14.

Den geplanten Anschlag auf das jüdische Gemeindehaus beschreibt Kraushaar, Die Bombe im jüdischen Gemeindehaus. Zum messianischen deutschen »Partisan« als wahres Opfer von Auschwitz vgl. Aust, Der Baader-Meinhof-Komplex, 280.

Zur Imagination der deutschen Söhne als tragische Opfer der Geschichte vgl. Strauß, Anschwellender Bocksgesang; Sloterdijk, Weltfremdheit. Die Idee des Findlings, der an die Küste der Zivilisation geschwemmt wird, erscheint als Megamythos des von dem Vater ausgesetzten einsamen Sohnes, der sich zum Kampf gegen Weltfremdheit und Melancholie rüstet.

Zum Autor

Christoph Schmidt ist Professor an der Hebräischen Universität Jerusalem. Dort lehrt er am Department of Philosophy und am Department for German Language and Literature. Er studierte Judaistik, Germanistik, Vergleichende Literaturwissenschaft und Philosophie. Seit 1998 führen ihn regelmäßig Forschungsaufenthalte, auch für längere Zeit, nach Deutschland. Zu seinen Forschungsschwerpunkten gehören Themen der Politischen Theologie sowie der Kritischen Theorie, zu denen er vielfach publiziert hat, darunter die Monografien und Sammelbände *Die theopolitische Stunde. Zwölf Perspektiven auf das eschatologische Problem der Moderne* (Paderborn/Munich 2009); *God Will Not Stand Still. Jewish Modernity and Political Theology* (Tel Aviv 2009; hg. zusammen mit Eli Schonfeld; hebr.); *Die Apokalypse des Subjekts. Ästhetische Subjektivität und politische Theologie bei Hugo Ball* (Bielefeld 2003); *Der häretische Imperativ. Überlegungen zur theologischen Dialektik der Kulturwissenschaft in Deutschland* (Tübingen 2000). Weitere Artikel sind unter anderem im *Jahrbuch des Simon-Dubnow-Instituts* 13 (2014) und in der von Julia Matveev und Ashraf Noor herausgegebenen Festschrift für Paul Mendes-Flohr *Die Gegenwärtigkeit deutsch-jüdischen Denkens* (Paderborn 2011) erschienen.